Realschule Bayern

Deutschbuch

Arbeitsheft 5

Schreiben
Mit Texten umgehen
Grammatik
Rechtschreibung
Übungen für den Jahrgangsstufentest

Herausgegeben von Sylvia Wüst (Landshut)

Erarbeitet von Elke Aigner-Haberstroh (Riedenburg), Gertraud Bildl (Waldbüttelbrunn), Axel Fahl (Mellrichstadt), Timo Koppitz (Höchberg), Monika Hochleitner-Prell (Amberg), Marlene Krause (Erlangen), Barbara Oppacher (Bruckmühl), Sonja Wiesiollek (Baldham), Sylvia Wüst (Landshut)

Name: ______________________ Klasse: ________

scook Deine **interaktiven Übungen** kannst du so freischalten:

1. Melde dich auf scook.de/bayern an. Beim ersten Besuch von scook.de/bayern musst du dich mit einer – nicht notwendig personifizierten – E-Mailadresse registrieren.
2. Gib den unten stehenden Zugangscode in die Box ein.
3. Damit deine Lernstandsdaten gespeichert werden, müssen du und deine Eltern uns bei der ersten Freischaltung der interaktiven Übungen eine Einwilligung dazu geben. Cornelsen speichert die Antworten deiner durchgeführten Übungen für die Nutzungsdauer der interaktiven Übungen.

Die Nutzungsdauer für die Online-Übungen beträgt nach Aktivierung des Zugangscodes zwei Jahre. In dieser Zeit speichern wir deine Lernstandsdaten für dich; nach Ablauf der Nutzungsdauer werden sie gelöscht.

Dein Zugangscode auf **www.scook.de/bayern**
b7ffd-539va

Cornelsen

Inhaltsverzeichnis

Kennzeichnungen in diesem Arbeitsheft:

1	Aufgabe
●●●	knifflige Aufgabe oder Aufgabe für die Schnellen
Wissen und Können	Merkkasten zum grundlegenden Wissen und Können
⌜	Tipps und Arbeitshilfen
►	Der Pfeil sagt dir, auf welcher Seite du etwas nachschlagen kannst.

Mit dem beigefügten Lösungsheft kannst du deine Ergebnisse zu den Aufgaben und Tests selbst überprüfen.

Mit Materialien umgehen – Ordentlich arbeiten

Wissen und Können **Ordentlich arbeiten, Zeit sparen**

Wenn du ordentlich arbeitest, hilft dir das, Zeit zu sparen:
- Schreibe deinen Namen ordentlich auf jedes Heft und jedes Arbeitsblatt.
- Gestalte deine Hefteinträge sauber und übersichtlich. Das hilft beim Lernen.
- Nummeriere jedes Arbeitsblatt und hefte es gleich ab oder klebe es ein. So ersparst du dir langes Suchen.
- Schreibe ordentlich und lesbar. Verwende einen Stift, mit dem du sauber schreiben kannst.
- Forme deine Buchstaben so deutlich, dass keiner mit einem anderen verwechselt werden kann.

1 Vervollständige die Tipps für eine übersichtliche Heftgestaltung.

Achte darauf, rechts oder links den _______________ einzuhalten. Schreibe das _______________ an den Rand. Versieh deinen Eintrag mit einer _______________ und unterstreiche diese. Mache einen _______________, wenn ein Gedanke sich zu einem Abschnitt zusammenfassen lässt. Wenn du einen Fehler gemacht hast, dann _______________ ihn ordentlich mit einem Lineal _______________. Hebe Wichtiges durch _______________ mit einem Lineal hervor. Gliedere Listen und Aufzählungen durch Spiegelstriche.

Zeitalter — *15.10.XX*

Vor dem 15. Jahrhundert gab es verschiedene Zeitrechnungen.
In ägyptischen Quellen z. B. findet man die Angabe „im 23. Jahr des Pharaos Thutmosis III.“.
Die Römer zählten die Jahre „nach Gründung der Stadt Rom“ (nach heutiger Zeitrechnung 753 vor Christi Geburt).
Die Historiker der Neuzeit in Europa haben die gesamte Geschichte in drei Zeitalter eingeteilt, um etwas ~~Ortnung~~ Ordnung zu schaffen.
- *Das Zeitalter von den ältesten Aufzeichnungen bis zum Ende des Römischen Reiches nennt man seitdem Antike.*
- *Von da an bis zur Entdeckung Amerikas durch Kolumbus spricht man vom Mittelalter.*
- *Die Zeit danach wird Neuzeit genannt.*

Wissen und Können **Überlegt und lesbar abschreiben**

Damit deine Hefteinträge ordentlich gestaltet sind und du gut damit lernen kannst, musst du auch sauber und fehlerfrei abschreiben.
Beachte dabei folgende Schritte:
1. Schritt: Lies den Text, den du abschreiben möchtest, langsam und sorgfältig.
2. Schritt: Unterteile ihn in kleine Einheiten und präge dir die Wörter genau ein.
3. Schritt: Schreibe dann die Wörter jeder Einheit auswendig auf. Schreibe langsam und ordentlich. Beachte die Satzzeichen.
4. Schritt: Überprüfe deinen Text, indem du Buchstabe für Buchstabe mit der Vorlage vergleichst.

2 a Schreibe die Überschrift und die Regeln aus dem blauen Kasten in dein Heft ab. Berücksichtige dabei die vier Schritte. Schreibe in deiner schönsten Schrift.
b Übe das Verfahren mit einem Text aus deinem Deutschbuch.

Persönliche Briefe und E-Mails schreiben

Wissen und Können | **Einen persönlichen Brief schreiben**

Einen Brief schreibst du, weil du jemandem etwas mitteilen oder deine Meinung äußern möchtest. Ein Brief spricht den Adressaten (Empfänger) direkt an. Deshalb musst du einiges beachten:

- Der Brief beginnt mit dem **Briefkopf** (Ort, Datum rechts oben auf der Seite) und der **Anrede.**
- Wenn du den Adressaten siezt, benutzt du die Anredepronomen der Höflichkeitsanrede (▶ S. 70); diese werden großgeschrieben, z. B. *Sie, Ihnen, Ihr.* Duzt du den Empfänger, kannst du die Anredepronomen groß- oder kleinschreiben: *du* oder *Du, dein* oder *Dein* usw. Innerhalb eines Briefes sollte es jedoch einheitlich sein.
- In der **Einleitung** sprichst du den Empfänger unmittelbar an und nennst den Anlass des Schreibens.
- Im **Hauptteil** kannst du Fragen beantworten, deine Meinung darlegen, etwas erzählen oder beschreiben.
- Im **Schluss** gehst du noch einmal auf den Adressaten ein. Stelle Fragen oder fordere ihn auf, dir zu antworten.
- Am Ende deines Briefes stehen die **Grußformel** und darunter deine **Unterschrift.**

1 **Svenja aus Schweden und Kathrin aus Deutschland beginnen eine Brieffreundschaft. Lies zunächst Svenjas Antwort auf Kathrins ersten Brief.**

VORSICHT FEHLER!

Stockholm, den 20. November 20XX — 1. ____________

Liebe Kathrin, — 2. Anrede

vielen Dank für Deinen Brief. Ich habe schon lange nach einer Brieffreundin in Deutschland gesucht und freue mich sehr, dass ich dich gefunden habe. — 3. ____________

Du hast geschrieben, dass du Dich manchmal nicht mit deiner kleinen Schwester verstehst. Ich habe einen großen Bruder, der mich oft ärgert. Meine Eltern sind beide berufstätig, deshalb sind wir häufig allein zu Hause, und das nutzt Sten aus. Auch hast du gefragt, ob ich ein Haustier habe. Wir wohnen in einer Mietwohnung und dort ist kein Platz für ein Tier, sagen meine Eltern. Das ist schade! — 4. ____________

Bei uns werden die Tage nun kürzer und dunkler. Langsam beginnen die Vorbereitungen auf das Weihnachtsfest. Ich freue mich sehr darauf, weil ich dieses Jahr die Lussibrud bin, die Lucienbraut. Kennst du das Fest der heiligen Lucia? Der 13. Dezember ist ihr Gedenktag. Ein weiß gekleidetes junges Mädchen, das eine Krone mit brennenden Lichtern auf dem Kopf trägt, weckt in der Frühe die Schlafenden und schenkt ihnen Gebäck. Das ist für mich der schönste Winterbrauch, denn er erinnert daran, dass die Tage bald wieder länger und heller werden.

Papa hat erzählt, dass es bei Euch einen Adventskalender gibt. Kannst du mir erklären, was das ist? Du hast gar nicht geschrieben, welche Hobbys Du hast. Erzähle mir doch bitte davon! Ich freue mich schon darauf, von dir zu hören. — 5. ____________

Viele liebe Grüße nach Deutschland — 6. ____________

Deine Svenja — 7. ____________

2 Notiere auf den Linien den Aufbau von Svenjas Brief. In gleicher Form solltest du auch deine Briefe gliedern.

3 Svenja sind einige Fehler bei den Anredepronomen unterlaufen. Nimm ein Lineal, unterstreiche alle Anredepronomen blau und verbessere sie – wo nötig – mit einem farbigen Stift.

4 Markiere eine Stelle, an der Svenja deutlich ihre Meinung äußert und begründet.

5 a Versetze dich nun in Kathrin und beginne, einen Antwortbrief an Svenja zu planen. Unterstreiche Svenjas Fragen und Aufforderungen, ihr etwas zu erzählen.
b Beim Lesen fallen dir sicher auch Fragen an Svenja ein, die sich auf ihren Brief beziehen. Schreibe sie in dein Heft.
c Überlege dir weitere Fragen. Was möchtest du sonst noch gerne von Svenja wissen? Schreibe in dein Heft.

6 Svenja möchte etwas über den Adventskalender erfahren. Kreuze an, welche Ideen du für deinen Brief auswählen möchtest.

7 Du kannst den Aufbau deines Briefs in einem Schreibplan notieren. Überlege dir: Wie steige ich ein? Was möchte ich erzählen? Wie schließe ich? Vergiss nicht die Antworten auf Svenjas Fragen und denke an Fragen, die du ihr stellen möchtest. Führe den folgenden Schreibplan weiter:

Einleitung: *Dank für Brief, ...* ____________________

Hauptteil: *eigene Hobbys, ...* ____________________

____

____

____

Schluss: *Frage nach Svenjas Hobbys, ...* ____________________

____

8 Schreibe nun Kathrins Antwort an Svenja in dein Heft. Im Lösungsheft findest du eine Checkliste.

9 Zeichne einen Briefumschlag in dein Heft und beschrifte ihn korrekt. Nimm für Kathrins Anschrift deinen Nachnamen und deine Adresse. Svenjas Anschrift lautet: Svenja Smörjebröd, Valhällavägen 185, SE-11553 Stockholm, Schweden. Denke an die Briefmarke: Zeichne sie an der richtigen Stelle ein.

Einen Brief und eine E-Mail überarbeiten

Wissen und Können | **Briefe abwechslungsreich formulieren**

Damit der Empfänger einen Brief gern liest, soll dieser auch sprachlich ansprechend sein.
- Formuliere höflich und nicht umgangssprachlich, also z. B. nicht ~~cool~~, sondern *interessant* oder *schön*.
- Verwende abwechslungsreiche Adjektive und Verben.
- Fange die Sätze unterschiedlich an (Umstellprobe!) und vermeide Wiederholungen.
- Verknüpfe die Sätze logisch und nachvollziehbar, z. B. mit Wörtern wie *da, weil, als, trotzdem*.

1 **Andreas bedankt sich kurz für einen Besuch bei seiner Tante, die Wert auf höfliche Briefe legt. Doch sein Dankschreiben ist nicht ganz angemessen. Unterstreiche die umgangssprachlichen Ausdrücke farbig und ersetze sie durch geeignete Formulierungen. Schreibe die Verbesserungen auf die Linien neben dem Brief. Achte auf die richtige Groß- und Kleinschreibung.**

VORSICHT FEHLER!

Hallo Tante Christina,

danke für deine tolle Einladung zum Skifahren in
Oberaudorf.
Jch habe mich echt wohlgefühlt, es war total cool
bei euch. Echt irre, dass ihr so viele Film-DVDs
habt. Auch das Skifahren war krass. Super, dass
Onkel Matthias mir seine Skier geliehen hat.

Tschüss Andreas

2 **Was hat Andreas zu Beginn seines Briefes vergessen?**
Notiere den Baustein des Briefs: ____________

E-Mails angemessen formulieren

Bei **E-Mails** musst du besonders darauf achten, wem du schreibst. In E-Mails an Erwachsene können Umgangssprache, Abkürzungen, unvollständige Sätze und Emoticons unpassend erscheinen. Auch **E-Mails** solltest du mit einer angemessenen Anrede beginnen, sinnvoll gliedern und mit einer freundlichen Grußformel beenden. Formuliere höflich, anschaulich und abwechslungsreich.

VORSICHT FEHLER!

Hi, • Liebe Tante Christina,

ich denke noch total gern an die coole Zeit bei euch!!! • sehr gern an die schöne Zeit bei euch! Das Schlittschuhlaufen auf eurer Eisbahn hat mir viel Spaß gemacht • war voll krass :-) Fantastisch • Super war auch der Fantasy-Film im Kino. Meine Freunde sind ganz neidisch.
1000 Dank noch mal für die Kohle! • Noch einmal herzlichen Dank für dein Geldgeschenk. Damit habe ich mir einen großen Wunsch erfüllt. • :-)
Ich habe mir zehn Neonfische gekauft, denn sie <u>sind nicht teuer</u>. Diese ? Fische <u>sind</u> in einem Schwarm. Es sieht beeindruckend aus, wenn sie im Verband <u>sind</u> und ihre ? Färbung im Wasser schillert. Von der Nase bis zur Flosse sind die Tierchen <u>bunt</u> und von der Körpermitte bis zur Schwanzflosse <u>sind</u> sie hellrot. Nachts <u>ist</u> der vordere Körperteil dunkelviolett und das Rot <u>ist blass</u>. In der Natur <u>ist</u> diese Verfärbung zur Tarnung. So können die ? Fische in der Nacht nicht so leicht entdeckt werden. Der Neonfisch gehört zu den Süßwasserfischen. Sein bunter Körper ist <u>klein</u>.

Wortspeicher

blaugrün bis türkis • farbenprächtigen • friedlichen • kräftige • kleiner als ein USB-Stick • dient • leben • kosten nicht viel • leuchten • schwimmen • verblasst • verfärbt sich

Wenn du uns besuchen kommst, zeige ich dir diese neuen Bewohner meines Aquariums.

LG

Andreas

1 **Zwei Wochen später schickt Andreas seiner Tante eine E-Mail. Auch diese muss überarbeitet werden.**

a **Streiche in den Zeilen 1 bis 6 an den grün markierten Stellen unpassende Formulierungen durch. Denke daran, dass die Tante großen Wert auf Höflichkeit legt (▶ Tipp oben auf der Seite)!**

b **Tante Christina hat Andreas etwas Geld geschenkt. Davon hat er sich Fische für sein Aquarium gekauft. In den Zeilen 7 bis 16 möchte er die Neuerwerbung beschreiben, aber er hat Schwierigkeiten, sich genau und treffend auszudrücken. Ersetze die ? und die unterstrichenen Stellen durch passende Ausdrücke aus dem Wortspeicher. Beachte den Tipp unten auf der Seite. Schreibe die verbesserte Beschreibung vollständig auf dem PC oder in dein Heft.**

c **Andreas' Grußformel passt eher in eine Nachricht an einen Freund. Überlege eine Grußformel, die sich besser für eine E-Mail an die Tante eignet. Schreibe sie daneben.**

Anschaulich und genau beschreiben

Wenn du Gegenstände, Personen, Tiere oder Vorgänge **beschreiben** möchtest, ist es wichtig, dass du sie **anschaulich** und **genau** darstellst. Achte daher besonders auf

- **treffende Verben** (z. B.: *messen, tragen*) und **anschauliche Adjektive** (z. B.: *rundlich, schwarzblau*),
- **Vergleiche** (z. B.: *so groß wie eine Streichholzschachtel*),
- eine **logische Reihenfolge,** z. B. von oben nach unten, von links nach rechts, von außen nach innen.

Tiere beschreiben

Einen Steckbrief zu einem Tier verfassen

Wissen und Können | **Einen Steckbrief zu einem Tier verfassen**

Ein **Steckbrief** enthält in **Stichworten** wichtige Informationen zu einem Menschen oder zu einem Tier.
In einen Tier-Steckbrief gehören folgende Angaben:

- Name und Tierart, z. B.: *Ringeltaube*
- Größe und Körperbau, z. B.: *Gesamtlänge ca. 40 cm*
- Aussehen, z. B.: *am Rücken schiefergrau, an der Brust blaugrau bis rosa*
- Verhalten, z. B.: *ausgeprägtes Balzverhalten*
- Nahrung, z. B.: *Samen, Beeren, Knospen*
- besondere Merkmale, z. B.: *weißer Fleck an beiden Seiten des Halses*

Die Angaben sollten in einer **sinnvollen Reihenfolge** erscheinen (z. B. wie hier). Beschreibe **genau und treffend,** etwa mit anschaulichen Adjektiven.

Je nach Zweck des Steckbriefs kannst du weitere Angaben ergänzen, z. B. bei wild lebenden Tieren *Lebensraum* oder *Feinde.*

1 **Die Kinder aus den fünften Klassen möchten ihren Mitschülern aus fernen Ländern heimische Tiere vorstellen. Schreibe dafür einen Steckbrief über das Eichhörnchen. Notiere zunächst in Stichworten, was du über das Tier weißt.**

2 **Beschrifte das Foto eines Eichhörnchens.**

spitze, behaarte Ohren

Eichhörnchen – Putzige Gesellen in Parks und Wäldern

In Deutschland gibt es nur eine wild lebende Eichhörnchen-Art: das Europäische Eichhörnchen. In Asien, Amerika und Europa finden wir insgesamt jedoch noch etwa dreißig weitere Arten, von denen die meisten in Amerika heimisch sind. Hierzulande trifft man Eichhörnchen häufig in Nadelwäldern, manchmal auch in Laubwäldern, Parks oder großen Gärten an. Sie werden sehr schnell zutraulich und lassen sich oft sogar füttern. Aber Kekse und Schokolade sind sehr gefährlich für die kleinen Nagetiere, sie können davon krank werden und sogar sterben. In freier Wildbahn fressen die schlanken Tierchen Samen von Bäumen, Beeren, Nüsse, Körner und – wenn sich die Gelegenheit bietet – Vogeleier. Das Eichhörnchen wird circa 25 Zentimeter lang und hat einen langen, buschigen Schwanz. Dieser hilft den flinken Tieren beim Klettern und Balancieren. Im Winter tragen sie an den spitzen Ohren auffällige Haarbüschel. Die Hinterbeine sind länger und kräftiger als die Vorderbeine. Genau wie wir Menschen besitzt das Eichhörnchen fünf Finger und fünf Zehen. Der Daumen der geschickten Kletterer ist jedoch so verkümmert, dass man ihn häufig nur schwer erkennen kann. An den anderen Fingern und den Zehen tragen die Tiere lange, scharfe Krallen. Das Fell besitzt eine fuchsrote bis schwarzbraune Farbe, Brust und Bauch leuchten weiß. Wie bei anderen Nagetieren wachsen die Zähne wegen der starken Abnutzung ständig nach. Dadurch bleiben sie immer ungefähr gleich lang.

Die zierlichen Tierchen bauen ihr Nest, den Kobel, in hoch gelegenen Astgabeln aus Zweigen und Moos. Dort ziehen sie auch ihre Jungen auf. Bei allem, was sie tun, müssen sie auf der Hut vor Mardern, Greifvögeln oder Füchsen sein – den Hauptfeinden der Eichhörnchen.

3 **Lies den Text genau. Unterstreiche Adjektive (▸ S. 34 f.) und Partizipien (▸ S. 42), die die Beschreibung genauer machen.**

4 **Ergänze deine Beschriftung des Fotos (▸ S. 8), falls du Neues über das Aussehen des Eichhörnchens erfahren hast.**

5 **Trage passende Informationen aus dem Text in die folgende Tabelle ein:**

Lebensraum	
Nahrung	
Feinde	

6 **Erstelle einen Steckbrief, der alle wichtigen Informationen über das Eichhörnchen enthält. Orientiere dich beim Aufbau an dem Merkkasten auf ▸ Seite 8 und nutze deine Arbeitsergebnisse. Schreibe in dein Heft. Beginne deine Übersicht so:**

Das Europäische Eichhörnchen
Name/Tierart: ...
Größe und Körperbau: ...
Aussehen: ...

Eine Suchanzeige für ein Tier schreiben

Wissen und Können **Ein Tier anschaulich und genau beschreiben (Beispiel: Suchanzeige)**

Damit sich andere ein Tier genau vorstellen können, musst du es exakt und anschaulich beschreiben.
Eine **Suchanzeige** kannst du so aufbauen:

- **Überschrift,** z. B.: *Perserkatze entlaufen!*
- **Einleitungssatz,** in dem steht, wann welches Tier entlaufen ist, z. B.: *Seit 7. Juli vermisse ich meine Perserkatze.*
- **Beschreibung des Tiers** in einer **sinnvollen Reihenfolge** (Tierart, Name, Alter, Größe/Gewicht, Aussehen, z. B. Farbe, Kopf- und Körperform) mit **genauen Adjektiven** im **Präsens**
- Nennung **besonderer Kennzeichen und Auffälligkeiten** (z. B.: *Sie trägt ein hellblaues Halsband.*)
- **Appell/Aufforderung, Kontaktadresse/Telefonnummer** und **Dank** (z. B.: *Wenn Sie Donna gesehen haben, melden Sie sich bitte unter 0152 123789456. Herzlichen Dank!*)

1 a **Hannes' Hund Ben, ein Labrador, ist entlaufen. Hannes möchte eine Suchanzeige schreiben. Hilf ihm dabei. Sieh dir zunächst die Bilder von Ben genau an.**

b **Trage passende Informationen aus dem Wortspeicher ein.**

Körperbau: ____________________

Fellfarbe: ____________________

Schwanz: ____________________

Augenfarbe: ____________________

Schnauze: ____________________

besondere Kennzeichen: ____________________

Wortspeicher

lang gestreckt • klein und rundlich • zart gebaut • mittelgroß und muskulös • rostbraun • schokoladenbraun • cremefarben • weiß • geringelt • gerade • dünn • braun • grün • blau • schwarz • schmal • spitz • kräftig • zierlich • rotes Halsband • schwarze Zähne • schwarzer Fleck auf der Zunge

2 **Damit du Hannes' Hund in der Suchmeldung noch genauer beschreiben kannst, findest du weitere Informationen über diese Hunderasse in dem Sachtext auf ▶ Seite 11. Lies den Text aufmerksam durch und markiere Angaben, die sich in der Suchmeldung verwenden lassen.**

Der Labrador

Der Labrador ist ein mittelgroßer, muskulös gebauter Hund mit breitem Schädel. Er besitzt dunkelbraune oder haselnussfarbene Augen und eine große Nase. Ein kräftiger Kiefer, ein starker Hals, ein breiter Brustkorb und ein gerader Rücken gehören zu den weiteren äußeren Kennzeichen dieser Rasse. Die Pfoten weisen eine rundliche Form auf (Katzenpfoten). Typisch für den Labrador ist sein dicker, rundherum mit kurzem Fell bedeckter Schwanz, die sogenannte „Otterrute". Sein kurzes, dichtes, wasserabweisendes Fell ist immer einfarbig, nie gefleckt. Die Farben reichen von Schwarz über Schokoladenbraun, Fuchsrot und Gelb bis zu einem fast weißen Beige. Ein Labrador kann bis zu 57 cm hoch und bis zu 40 kg schwer werden. Seine Lebenserwartung beträgt 12 bis 14 Jahre.

Berühmt ist der Labrador für seine Vielseitigkeit. Ursprünglich wurde er als Jagdhund eingesetzt, der geschossene Wildvögel aus dem Wasser holte (apportierte). Dazu musste er gehorsam sein und sehr gut schwimmen können. Wegen seiner ausgezeichneten Nase und seines freundlichen Wesens eignet er sich auch als Blindenhund, Rettungshund oder Drogenspürhund bei der Polizei. Die meisten Labradore sind jedoch geduldige, gutmütige und kinderliebe Familienhunde.

3 **Für deine Suchmeldung kannst du Vorgaben aus der folgenden Tabelle verwenden. Aber Achtung: Nicht alle sind geeignet! Streiche zunächst unpassende Formulierungen durch.**

VORSICHT FEHLER!

Überschrift	Wir suchen ...! • ... vermisst! • ... ist abgehauen!
Einleitungssatz	Gestern ist ... verschwunden. • Am ... ist ... entlaufen. • Seit ... vermissen wir ...
Beschreibung	
– Tierart	Es handelt sich um ... • Unser Hund ist ein Golden Retriever ...
– Name	Er hört auf den Namen ... • Wir rufen unseren Liebling ...
– Alter	Ich habe ihn zu meinem 6. Geburtstag ... • Der Hund ist ...
– Größe	Er reicht mir fast bis zur Hüfte. • Seine Schulterhöhe beträgt ...
– Körperbau/Kopfform	Fett ist er nicht gerade, aber ... • Der Hund besitzt einen kräftigen, muskulösen ...
– Farbe	Sein ... Fell ... • Er hat fast die gleiche Fellfarbe wie Tonis Hund ...
Besonderheiten	
– besondere Kennzeichen	Besonders auffällig sind ... • Zu erkennen ist er an ... • Ben ist total normal ...
– Verhalten	Er ist voll lieb und verschmust! • Ben hat ein ... Wesen.
Kontaktadresse	Bitte melden Sie sich bei ... • Ruft mich sofort an! • Meine Mobilnummer lautet ...
Dank	Guckt euch genau um! • Wir sind für jeden Hinweis ... • Vielen ...

4 **Verfasse jetzt die Suchmeldung. Schreibe in dein Heft. Nutze dazu**
- **die Stichpunkte aus Aufgabe 1,**
- **geeignete Informationen aus dem Text (Aufgabe 2) und**
- **passende Formulierungen aus der Tabelle (Aufgabe 3).**

Schreibe vollständige Sätze im Präsens und denke an anschauliche Adjektive. Du kannst so beginnen:

Labrador Ben vermisst!
Am 3. März ist unser Hund in der ... entlaufen.
Es handelt sich um ...

Erzählen

Wissen und Können **Erzählen**

Wenn du anderen ein Erlebnis oder eine erfundene Geschichte erzählst, möchtest du sie unterhalten, vielleicht auch fesseln. Überlege, ob deine Geschichte spannend (z. B. über ein aufregendes, unheimliches Erlebnis) oder witzig (z. B. über ein Missgeschick) sein soll oder ob du einfach von einem beeindruckenden Ereignis erzählen willst (z. B. von einem Ausflug in einen Freizeitpark). Behalte dieses **Erzählziel** im Auge, wenn du die Erzählung **gliederst:** Stelle zunächst die **Erzählsituation** dar (z. B.: Wer war beteiligt? Wann und wo fand das Ereignis statt?). Erzähle danach in **sinnvollen Erzählschritten** von dem Erlebnis oder Ereignis, damit deine Leser/-innen das Geschehen nachvollziehen können. Finde einen **Ausgang,** der z. B. deine Erzählung abrundet, das Ereignis erklärt, die Leser/-innen überrascht oder Fragen offenlässt. Erzähle **anschaulich, lebendig** und **abwechslungsreich.** Zeitform des Erzählens ist das **Präteritum.**

1 a **Sammle Ideen für eine Erzählung zu dem Thema „Ein Einkauf mit der Mutter muss nicht langweilig sein“. Überlege dabei, ob deine Geschichte spannend oder lustig sein soll oder ob du einfach von einem ganz besonderen Einkauf erzählen willst. Ergänze den Ideenstern. Das Bild auf Seite 13 bietet dir Anregungen. Du kannst auch eigene Ideen notieren.**

b **Markiere, welche Ideen du für eine eigene Geschichte auswählen würdest (▸ Aufgabe 11, S. 17).**

Den Stoff sammeln
In einem **Cluster** oder einem **Ideenstern** kannst du Stoff für deine Erzählung sammeln.

Supermarkt – Einkaufswagen – Dosenpyramide …

Kleiderkauf in Berlin – großes Kaufhaus – Mutter verschwunden – Akku …

Ein Einkauf mit der Mutter muss nicht langweilig sein.

Elektroabteilung – Mutter schaut nach neuer Kaffeemaschine – Sohn gelangweilt – Konsolenspiele – Kaufhausdetektiv – …

2 **Sabrina hat sich entschieden, von einer aufregenden Situation beim Kleiderkauf zu erzählen, die ihre Freundin Nela erlebt hat. Welche Erzählform muss sie dann wählen? Kreuze an.**

☐ Ich-Erzählform ☐ Er-/Sie-Erzählform

3 **Sabrina hat einen Schreibplan (▶ Tipp) für ihre Geschichte begonnen. Übertrage ihn in dein Heft. Vervollständige die Erzählschritte.**

a **Ergänze in der linken Spalte Stichworte zum Geschehen in einer sinnvollen Reihenfolge. Nutze den Wortspeicher links unten.**

b **Ergänze danach in der rechten Spalte Nelas Gedanken und Gefühle (▶ Tipp unten). Der Wortspeicher rechts unten hilft dir.**

Einen Schreibplan erstellen
Die **Reihenfolge der Erzählschritte** muss sinnvoll sein, damit die Leser/-innen das Geschehen nachvollziehen können. Am besten machst du dir den logischen Aufbau deiner Erzählung klar, wenn du einen **Schreibplan** erstellst.

Schreibplan

Einführung in die Erzählsituation
Wer? Nela, ihre Mutter, Verkäuferin, Kunden
Wann? im letzten Sommerurlaub
Wo? in einem großen Kaufhaus in Berlin

Geschehen (äußere Handlung)	*Gedanken und Gefühle (innere Handlung)*
1. Nela darf neue Kleidung aussuchen	*→ freut sich: Freundinnen werden Augen machen*
2. ?	*→ überwältigt von dem großen Angebot*
3. ?	→ ?
4. Schaut sich um	→ ?
5. ?	→ ?
6. Namen des Hotels vergessen	→ ?
Ausgang	
?	*→ Erleichterung*

Wortspeicher: Geschehen
Will telefonieren, Akku leer • Mutter plötzlich weg • Probiert Pullis an • Mutter kommt um die Ecke, war auf der Toilette

Wortspeicher: Gedanken und Gefühle
wird etwas unruhig • ärgert sich, überlegt • unsicher, leichte Panik, Tränen • macht sich zunächst keine Gedanken

4 **Zu Beginn ihrer Geschichte will die Schülerin die Erzählsituation (▶ Tipp) knapp vorstellen. Ordne ihren Versuchen die passenden Anmerkungen des Lehrers zu. Ziehe Linien.**

A Im letzten Sommer war Nela mit ihren Eltern in Berlin in Urlaub. Sie machten viele Besichtigungen. An einem Tag durfte das Mädchen mit seiner Mutter in ein großes Kaufhaus gehen, um Kleidung zu kaufen.

B Der Höhepunkt des Urlaubs war ein Besuch im größten Kaufhaus von Berlin. Doch der sollte aufregend werden.

C Dass ein Kaufhausbesuch auch aufregend sein kann, erlebte Nela in ihrem letzten Sommerurlaub in Berlin.

D An einem trüben Oktobernachmittag wollte Nela mit ihrer Freundin einen Kaufhausbummel machen. Also setzten sie sich am Nachmittag in den Bus und fuhren in die Stadt. Sie erzählten sich von den Ereignissen am Vormittag in der Schule. Endlich kamen die Mädchen am Kaufhaus an.

Die Erzählsituation klären
Zu Beginn der Geschichte sollte die **Erzählsituation** geklärt werden, damit die Leser/-innen erfahren, in welcher Situation, zu welcher Zeit und an welchem Ort sich das Ereignis abspielte und welche Personen beteiligt waren. Andeutungen auf das Ereignis wecken Neugier.

Thema nicht beachtet (Mutter!), Abschweifung mit überflüssigen Einzelheiten

Situation knapp erklärt, Neugier geweckt

Zu langweilig, Leser wird nicht veranlasst weiterzulesen.

Du fällst mit der Tür ins Haus, beteiligte Personen werden nicht genannt, Neugier wird geweckt.

5 **a Ordne die anschaulichen Adjektive, ausdrucksstarken Verben, Vergleiche und sprachlichen Wendungen aus dem Wortspeicher den Gefühlen „Aufregung“, „Freude“ und „Erleichterung“ zu. Markiere sie jeweils in der gleichen Farbe.**

b Kreuze an: Welche Gefühle passen zu der Geschichte über Nelas Erlebnis im Kaufhaus?

- [ ] Aufregung
- [ ] Freude
- [ ] Erleichterung

Gedanken und Gefühle wiedergeben
Damit deine Erzählung spannend, lustig oder interessant wird, ist es wichtig, nicht nur zu beschreiben, was passiert ist (die äußere Handlung), sondern auch die **Gedanken und Gefühle der Figuren** (die innere Handlung) wiederzugeben. Um Gedanken und Gefühle deutlich zu machen, kannst du **anschauliche Adjektive, treffende Verben, Vergleiche** und **sprachliche Wendungen** benutzen.

Wortspeicher

Tränen der Erleichterung • nervös • strahlen • stottern • angespannt • aufatmen • glänzende Augen • Kloß im Hals • sich freuen wie ein Schneekönig • aufgelöst • fröhlich • hektisch • beruhigt • das Herz pocht bis zum Hals • froh • unruhig • jemandem fällt ein Stein vom Herzen • aufgeregt • vor Freude in die Luft springen • weiche Knie bekommen • sich wie im siebten Himmel fühlen • feuchte Hände bekommen

6 Notiere, was Nela in den Handlungsschritten 4, 5 und 6 (▶ S. 13) sprechen könnte.

Selbstgespräche

Wörtliche Rede verwenden
Damit deine Erzählung **lebendig** wirkt, müssen die Figuren in deiner Geschichte **sprechen,** z. B.: *Ärgerlich schimpfte Nela mit sich selbst: „Warum habe ich nur vergessen, das Handy aufzuladen?"*

Gespräche mit anderen

Haben Sie eine schmale Frau mit ...

7 **Micha hat die Idee mit dem Kaufhausdetektiv in der Elektronikabteilung aufgenommen (▶ Ideenstern S. 12) und eine Ich-Erzählung dazu geschrieben. Allerdings hat er Probleme, anschaulich zu erzählen. Hilf ihm!**

a **Langweilige Ausdrücke sind unterstrichen. Streiche sie durch und ersetze sie durch treffendere Formulierungen aus dem linken Wortspeicher. Schreibe diese auf die grüne Linie.**

b **In die restlichen Lücken gehören anschauliche Adjektive oder Partizipien. Wähle passende aus dem rechten Wortspeicher aus und schreibe sie auf die grauen Linien.**

Abwechslungsreich erzählen
Erzähle lebendig und abwechslungsreich, damit du deine Leserinnen und Leser nicht langweilst. Verwende **treffende Verben** (z. B.: *er erwiderte, er antwortete, er entgegnete* und nicht immer *er sagte*), **anschauliche Adjektive oder Partizipien** (z. B.: *leichenblass, starr*) und **Vergleiche** (z. B.: *stark wie ein Bär, schnell wie ein Pfeil*).

Treffende Formulierungen

alles vergaß • besaß • erkundigte sich • schlenderte • stotterte • entdeckte • prüfte • fliehen • Mir wurde eiskalt

Anschauliche Adjektive und Partizipien

begeistert • endlos • gefesselt • gelangweilt • verschiedene • zahlreiche • breitschultriger • schwere • eilig

[...] Während sich meine Mutter __________ über __________ Kaffeemaschinen informierte, ging __________ ich __________ zu den Spielekonsolen. Dort sah __________ ich __________ Spiele, die ich noch nicht hatte __________. __________ nahm ich eines nach dem anderen aus dem Regal und sah nach __________, welche neuen Funktionen es gab. Ich war so __________, dass ich ringsumher nichts mehr sah __________. Plötzlich fühlte ich eine __________ Hand auf meinem Arm. „Was hast du denn vor?“, sagte __________ ein __________ Mann. Ich bekam Angst. __________ __________. „Ni... nichts ...“, sagte __________ ich, wandte mich __________ ab und wollte weggehen __________. Aber der Kerl hielt mich fest! [...]

8 **Ein anderer Schüler hat sich für die Idee mit der umgefallenen Dosenpyramide entschieden (▶ Ideenstern S. 12). Allerdings ist der folgende Auszug aus seiner Erzählung sprachlich noch nicht ganz gelungen. Finde abwechslungsreiche Satzanfänge oder verknüpfe Sätze. Schreibe in dein Heft.**

Achte auf **Satzverknüpfungen** und **abwechslungsreiche Satzanfänge.** Beginne nicht immer mit dem Subjekt oder mit *dann*.

VORSICHT FEHLER!

Jonas kam viel zu schnell mit dem Einkaufswagen um die Ecke. Er übersah dabei eine Pyramide aus Tomatendosen. Der Wagen streifte einige Büchsen. Dann krachte der gesamte Stapel mit ohrenbetäubendem Lärm in sich zusammen. Dann erschrak Jonas fürchterlich. Er dachte im selben Moment: „Ist das peinlich!“ Er bekam vor lauter Scham einen hochroten Kopf.

9 **Hier findest du verschiedene Möglichkeiten für einen gelungenen Ausgang der Erzählungen, aus denen du Ausschnitte kennen gelernt hast. Ordne ihnen die passende Beschreibung durch eine Linie zu.**

A In diesem Moment kam ihre Mutter um die Ecke und schimpfte: „Wo steckst du denn? Ich habe dir doch gesagt, dass ich zur Toilette gehe und dass du bei den Pullovern auf mich warten sollst!" Erleichtert atmete Nela auf und erwiderte lieber nichts.

B Ob ihn seine Mutter wohl beim nächsten Einkauf wieder den Wagen schieben lassen würde?

C Da stellte sich der Herr als Kaufhausdetektiv vor. Glücklicherweise kam in dem Moment meine Mutter und konnte die missverständliche Situation klären.

Einen passenden Ausgang schreiben
Du kannst deine Erzählung zum Schluss **abrunden,** das **Ereignis erklären,** deine Leser/-innen **mit einem überraschenden oder witzigen Ende unterhalten** oder **Fragen offenlassen.**

- überrascht und unterhält die Leser/-innen, erklärt das Ereignis
- rundet die Geschichte ab
- lässt Fragen offen

10 **Lies die folgenden Überschriften. Kreuze an, welche für Nelas Geschichte geeignet ist. Begründe bei jeder Überschrift in Stichworten, warum sie geeignet oder nicht geeignet ist. Beachte den ▸ Tipp.**

A ☐ Glückliches Wiedersehen ____________________

____

B ☐ Ende gut, alles gut ____________________

____

C ☐ Shopping mit Hindernissen ____________________

____

Eine gute Überschrift finden
Eine gute Überschrift macht **neugierig.** Sie soll sich auf den Inhalt der Geschichte beziehen, darf **aber nicht zu viel verraten,** z. B.: *Ein peinlicher Einkauf.*

11 **Erzähle jetzt selbst eine Geschichte zu dem Thema „Ein Einkauf mit der Mutter muss nicht langweilig sein". Du kannst entweder den Schreibplan auf Seite 13 sowie deine Vorarbeiten nutzen und Nelas Geschichte vollständig erzählen. Oder du kannst eine eigene Geschichte zu den Stichwörtern schreiben, die du im Ideenstern (▸ S. 12) markiert hast. Überlege, was die Mutter damit zu tun hat! Wende an, was du auf den Seiten 13 bis 17 gelernt hast. Wenn du nicht weiterweißt, lies die Merkkästen noch einmal. Im Lösungsheft findest du eine Checkliste, mit der du deine Geschichte überprüfen kannst.**

Nach Vorgaben erzählen

Zu einer Bildergeschichte erzählen

Wissen und Können | **Zu einer Bildergeschichte erzählen**

Auch wenn du zu einer Bildergeschichte (oder zu einem Bild) erzählst, gelten die **Hinweise für das Erzählen** (▸ S. 12–17). Wenn du unsicher bist, lies noch einmal die blauen Kästen auf den Seiten 12 bis 17.
Bei einer Bildergeschichte musst du außerdem Folgendes beachten: Die vorgegebenen **Bilder** zeigen nur **wichtige Momente** im Ablauf der Handlung. Damit daraus eine Geschichte entsteht, musst du **weitere Handlungsschritte** oder Überleitungen sinnvoll ergänzen – wie bei einem Puzzle. Beachte auch, ob du die Geschichte in der **Ich-Form** oder in der **Er-/Sie-Form** verfassen willst/sollst.

1 **Betrachte die Bilder und entwickle einen Schreibplan in deinem Heft: Notiere zu jedem Bild einige Stichpunkte. Lasse danach jeweils zwei Zeilen frei. Schreibe im Präteritum, denn in dieser Zeitform musst du deine Erzählung verfassen. Beispiel:**
Bild 1: Zwei Kinder (Junge, Mädchen) → …

2 **Die leeren Puzzleteile übernehmen in der Bildergeschichte eine Verbindungsfunktion. Überlege, an welchen Stellen zwischen den Bildern Handlungsschritte fehlen.**

a **Welche Idee passt zu dem leeren Puzzleteil zwischen Bild 3 und Bild 4? Streiche die unpassenden Ideen durch und übertrage die passende an der richtigen Stelle in deinen Schreibplan.**

A Oma kam herein, beruhigte Kinder
B Kinder krabbelten aus ihren Betten, schlichen zum Flur
C Fernseher explodierte, Rauch und Gestank

b **Welche beiden Bilder werden jeweils durch die anderen leeren Puzzleteile verbunden? Trage die Nummern in die Puzzleteile ein. Schreibe auch für diese Puzzleteile passende Stichpunkte in deinen Schreibplan.**

3 **a** **Welche Überschrift passt am besten zu der Bildergeschichte? Kreuze an.**

☐ Der Katzenschreck ☐ Die Katze macht das Fenster zu

☐ Geheimnisvolle Geräusche ☐ Angst in der Nacht

b **Verfasse selbst eine andere passende Überschrift für die Geschichte:**

____

Die Überschrift: Interesse wecken
Eine gute Überschrift weckt das Interesse für deine Erzählung: Der Leser möchte mehr erfahren. Außerdem verrät sie nicht schon zu viel vorweg!

4 **Nicht alles kommt auf den Bildern vor, vieles musst du dazuerfinden. Trage Angaben zusammen, mit denen du die Erzählsituation (▸Tipp) darstellen und Neugier wecken willst. Nutze dazu auch Bild 1.**

Wer? Die Figuren auf dem Bild brauchen Namen.

____

Achtung: Hier entscheidest du, ob du eine Figur auf dem Bild bist!

☐ Ich-Erzählung oder ☐ Er-/Sie-Erzählung?

Wann? ______________________________

Wo? ______________________________

Neugier wecken: ______________________________

____

____

____

____

____

Erzählsituation
Stelle am Anfang deiner Geschichte die **Erzählsituation** dar, z. B. wann und wo das Ereignis geschah und wer daran beteiligt war. Du kannst deine Leserinnen und Leser **durch Andeutungen neugierig machen,** solltest aber nicht verraten, wie die Geschichte ausgeht. Außerdem musst du festlegen, ob du eine **Ich-Erzählung** oder eine **Er-/Sie-Erzählung** schreibst.

Wörtliche Rede verwenden: Gedanken und Gefühle ausdrücken
Lasse die Figuren in deiner Geschichte sprechen, denn die wörtliche Rede macht eine Erzählung **lebendig und fesselnd.** Denke dabei an die richtigen Anführungs- und Satzzeichen (▶ S. 86).

5 **Formuliere die Gefühle und Gedanken der beiden Kinder in Bild 3 (▶ S. 18) und in diesen Bildern. Welche Fragen und Ängste haben sie?**

Abwechslungsreich erzählen
Eine Erzählung wird lebendiger, wenn man **ausdrucksstarke Verben** und **anschauliche Adjektive** benutzt, z. B.: *Eva und Oliver schlichen über den dunklen Gang und blinzelten angespannt in die undurchdringliche Dunkelheit.* Verwende **abwechslungsreiche Satzanfänge.** Achte auf das korrekte Tempus: **Präteritum.**

6 **a** **Setze in den folgenden Textausschnitt passende Satzanfänge aus dem Wortspeicher ein.**
b **Vier Verben stehen in der falschen Zeitform. Unterstreiche sie und verbessere sie in die richtige Tempusform. Nutze dafür den Rand.**

Wortspeicher
Da • Gerade • Leise und vorsichtig • In diesem Moment

________ sind sie zur Treppe geschlichen. ________

„Ich kann nichts erkennen", hat Eva geflüstert. ________ flüsterte

wollte Oliver ihr antworten, dass er auch nichts sehen konnte, als plötzlich ________

etwas an ihnen vorbeihuschte. Oliver hat gestottert: „Wa... was war das?" ________

________ tauchte im fahlen Mondlicht im Erdgeschoss ________

ein Schatten an der Wand auf. Die Kinder erstarrten. ________ ________

________ hat es an der Eingangstür geklappert. ________

7 **Verfasse nun eine komplette Erzählung zu den Bildern. Schreibe in dein Heft. Bereits erarbeitete Textteile darfst du in deine Geschichte einbauen. Achte besonders auf die Ausgestaltung der unheimlichen Situation.**

Zu Reizwörtern erzählen

Wissen und Können **Zu Reizwörtern erzählen**

Es ist sinnvoll, Geschichten zu planen, damit sie logisch und nachvollziehbar werden. Das gilt auch für Reizwortgeschichten. Für deren **Aufbau** gelten die gleichen Hinweise wie für jede Erzählung (▶ S. 12–17). Wenn du unsicher bist, lies die blauen Kästen auf den Seiten 12 bis 17 noch einmal genau durch.
Außerdem musst du Folgendes beachten:

- Die **Reizwörter** müssen in der Geschichte **sinnvoll** verwendet werden.
- Die **Reihenfolge** der Reizwörter darf umgestellt werden: Sie können in der Einführung der Erzählsituation, in der Erzählung von dem Ereignis oder im Ausgang der Geschichte vorkommen.

Die Begriffe **Zeltlager, Nachtwache** und **lautes Rascheln** sollen in einer Reizwortgeschichte vorkommen. Du kennst das sicher: Dazu will dir gar nichts einfallen. Beginne damit, Ideen zu den einzelnen Reizwörtern zu sammeln.

Zeltlager	Nachtwache	lautes Rascheln

1 **Schließe die Augen und stelle dir in Gedanken das Zeltlager vor. Notiere anschließend deine Vorstellungen in einem Cluster.**

2 **Auch W-Fragen können beim Ideensammeln helfen. Beantworte die folgenden zum Begriff Nachtwache:**

Wer übernahm die Nachtwache? ______________________

Wann begann die Nachtwache und wann endete sie? ______________________

Wo musste der Wachposten stehen? ______________________

Was passierte während der Nachtwache? ______________________

____

____

____

____

____

3 a Das Reizwort lautes Rascheln spricht eine Sinneswahrnehmung an. Kreise das passende Symbol dafür ein.

b Notiere weitere Möglichkeiten, was mit diesem Sinn während dieser Nacht wahrgenommen werden könnte:

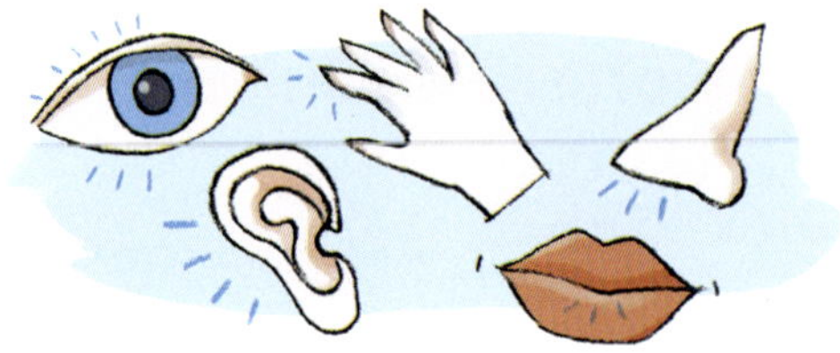

c Aber auch die anderen Sinne werden in dieser Nacht angesprochen. Notiere, mit welchen Sinnen du welche Wahrnehmungen machst.

Feuer, ...

Gänsehaut, ...

Einen sinnvollen Aufbau überlegen: Einen Schreibplan erstellen

Die **Reihenfolge** der einzelnen Erzählschritte muss **logisch** sein. Am besten wirst du dir über einen **sinnvollen Aufbau** deiner Erzählung klar, wenn du einen Schreibplan in Stichworten erstellst. Überlege genau, wie du die Handlungsschritte anordnest. Führe zunächst in die **Erzählsituation** ein (z. B. Wer? Wann? Wo?). Durch Andeutungen auf das Ereignis weckst du die Neugier deiner Leser/-innen. Erzähle danach in **sinnvollen Erzählschritten** von dem Erlebnis. Wenn du eine spannende Geschichte schreiben willst, kannst du das Geschehen steigern. Finde einen **Ausgang,** der z. B. die Spannung auflöst, die Erzählung abrundet oder Fragen offenlässt.

4 Erstelle nun einen Schreibplan zu den Reizwörtern Zeltlager – Nachtwache – lautes Rascheln. Halte dich dabei an die Vorgaben aus den blauen Kästen (▶ S. 18 und oben). Überlege dir zunächst die Reihenfolge der Reizwörter und denke an die W-Fragen.

Erzählsituation:	
Wer spielte in der Geschichte mit? **Wann** geschah das Ereignis? **Wo** fand es statt?	*Pfingstferien, Nachtwache ab Mitternacht, ...*
Ereignis:	
Was ist passiert? **Wie** verlief das Ereignis?	
Ausgang:	

5 Verfasse nun zu deinem Schreibplan eine Erzählung in deinem Heft. Denke daran, dass die Reizwörter alle vorkommen sollten. Und vergiss nicht: Zeitform für das Erzählen ist das Präteritum.

6 Finde eine passende Überschrift.

Märchenmerkmale erkennen, Märchen weitererzählen

Merkmale eines Märchens erkennen

1 a Erinnerst du dich noch an die Merkmale eines Märchens? Ergänze zu den Merkmalen in der linken Spalte passende Beispiele. Die „Märchenlandschaft" oben hilft dir dabei; darin verbergen sich viele märchenhafte Figuren, Orte und Elemente.

Merkmale des Märchens	Beispiele
Märchen beginnen und enden meist mit den typischen Märchenformeln.	
Ort und Zeit der Handlung sind nicht genau festgelegt, sie spielt irgendwo und irgendwann in der Vergangenheit.	
Es treten typische Figuren und fantastische Gestalten auf.	
Häufig spielen magische Zahlen (3, 7, 12) eine besondere Rolle.	
Der Held/Die Heldin muss oft Prüfungen bestehen oder Aufgaben erfüllen (z. B. drei).	
Es gibt (magische) Verse oder (Zauber-) Sprüche, die sich mehrmals wiederholen.	
Es geschehen wundersame Dinge, wie sie in der Wirklichkeit nicht vorkommen können. Die Naturgesetze werden außer Kraft gesetzt.	

b **Die meisten Märchen haben ein glückliches Ende: Am Schluss siegt meist das Gute, das Böse wird bestraft. Finde weitere Gegensätze, die in Märchen aufeinandertreffen. Verbinde die Adjektive mit dem Lineal.**

c **Märchenfiguren sind häufig auf wenige Eigenschaften festgelegt; auch das ist ein typisches Merkmal des Märchens. Welche Märchenfiguren kennst du? Schreibe sie mit ihren typischen Eigenschaften in dein Heft, z. B.:** *die gute Fee, …*

stark	großzügig
arm	schwach
winzig	feige
geizig	reich
tapfer	dumm
schlau	riesig

Jacob und Wilhelm Grimm

Simeliberg

Es waren zwei Brüder, einer war reich, der andere arm. Der Reiche aber gab dem Armen nichts, und der musste sich vom Kornhandel kümmerlich ernähren. Da ging es dem Armen oft so schlecht, dass er für seine Frau und Kinder kein Brot hatte.

Einmal fuhr der arme Bruder mit seinem Karren durch den Wald. Da erblickte er zur Seite einen großen, kahlen Berg. Und weil er den noch nie gesehen hatte, hielt er still und betrachtete ihn mit Verwunderung. Wie er so stand, sah er zwölf wilde, große Männer daherkommen. Weil der Arme nun glaubte, das wären Räuber, schob er seinen Karren ins Gebüsch und stieg auf einen Baum und wartete, was da geschehen würde.

Die zwölf Männer gingen aber vor den Berg und riefen: „Berg *Semsi,* Berg *Semsi,* tu dich auf!" Alsbald tat sich der kahle Berg in der Mitte auseinander und die zwölfe gingen hinein, und wie sie drin waren, schloss er sich zu. Über eine kleine Weile aber tat er sich wieder auf, und die Männer kamen heraus und trugen schwere Säcke auf dem Rücken. Und wie sie alle wieder am Tageslicht waren, sprachen sie: „Berg *Semsi,* Berg *Semsi,* tu dich zu!" Da fuhr der Berg zusammen und es war kein Eingang mehr an ihm zu sehen, und die zwölfe gingen fort.

Als sie ihm nun ganz aus den Augen waren, stieg der Arme vom Baum herunter und war neugierig, was wohl im Berge Heimliches verborgen wäre. Also …

Hauptfiguren: Armer mit reichem Bruder

2 **Woran erkennst du, dass es sich bei der Textvorlage um ein Märchen handelt? Unterstreiche alle Märchenmerkmale. Die folgenden Fragen können dir helfen:**
- **Was erfährst du über Ort und Zeit?**
- **Gibt es Gegensätze?**
- **Besitzen die Hauptfiguren typische Eigenschaften?**
- **Finden sich im Text magische Zahlen oder Zaubersprüche?**
- **Werden die Naturgesetze außer Kraft gesetzt?**

Ein Märchen weiterschreiben

Wissen und Können **Ein Märchen weiterschreiben**

- Wenn du ein Märchen fortsetzen willst, lohnt es sich, **den Märchenanfang genau zu untersuchen.** Oft enthält er Hinweise auf Eigenschaften der Märchenhelden, der weiteren Figuren und der sprechenden Tiere, die du in deiner Fortsetzung aufgreifen musst. Erfinde nicht zu viele Figuren hinzu.
- Achte darauf, **dass deine Ideen zur Textsorte Märchen passen** und dass deine Fortsetzung **deutliche Merkmale des Märchens** enthält. Halte dich bei der Fortsetzung der Geschichte an den Märchenanfang.
- Verwende eine **zum Märchen passende Sprache.** Märchen sind meist in einer altertümlichen Sprache verfasst. Deshalb passt es nicht, wenn sich die Fortsetzung zu modern und umgangssprachlich anhört.
- Schreibe im **Präteritum.** Denn auch der Märchenanfang ist im Präteritum verfasst.

1 **Lies den Märchenanfang auf ▸ Seite 24 genau durch. Markiere die Informationen, die du für das Weiterschreiben brauchst und die du in deiner Fortsetzung aufgreifen musst, grün.**

Schon Vorarbeiten im Präteritum schreiben
Schreibe deine Notizen und den Schreibplan gleich im Präteritum, denn so musst du auch das Märchen weiterschreiben.

2 **Welche Figuren spielten in diesem Märchenanfang eine Rolle? Beantworte hierzu folgende Fragen:**

Wer war die Hauptfigur? ______________________________

Wie lebte sie? ______________________________

Wer gehörte noch zur Familie? ______________________________

____

Welche Figuren kamen noch vor? ______________________________

3 a **Der Erzählanfang besteht aus vier Absätzen. Lies dir jeden Absatz nochmals genau durch und überlege, was geschah. Notiere zu jedem Absatz am Rand einige Stichpunkte. Die Lösung zu Absatz 1 ist bereits vorgegeben.**
b **Wie endet die Textvorlage? Notiere es hier:**

____

____

____

Wissen und Können **Aufbau eines Märchens**

Die Handlung eines Märchens besitzt meist einen bestimmten Aufbau:
- **Beginn mit einer Aufgabenstellung:** Die Hauptfiguren stehen einer Aufgabe oder einem Problem gegenüber (z. B. Armut, Hunger, Verzauberung usw.). Anfangsformel: „Es war einmal ..."
- **Hauptteil mit Prüfungen:** Die Hauptfiguren müssen Prüfungen oder Kämpfe bestehen. Dabei helfen ihnen manchmal Fantasiewesen oder magische Gegenstände.
- **Schluss mit glücklichem Ende:** Am Ende steht meist der Sieg der Hauptfigur über den Gegenspieler. Es gewinnt in der Regel das Gute. Schlussformel: „Und wenn sie nicht gestorben sind ..."

4 a **Wie könnte das Märchen weitergehen? Lies die folgenden Fragen. Sie bringen dich auf Ideen, wie deine Fortsetzung aussehen könnte.**
- Was unternahm der Arme, als die zwölf Räuber verschwunden waren?
- Was könnte sich in dem Berg befunden haben?
- Änderte sich für den Armen und seine Familie das Leben?
- Gab es magische Kräfte, Wesen, Gegenstände oder Verse?
- Was unternahm der reiche Bruder?
- Gab es vielleicht Prüfungen, die bestanden werden mussten?
- Warum trägt das Märchen den Titel „Simeliberg"?
- Wie könnte das Märchen auf ein glückliches Ende hinauslaufen?

b **Wie soll dein Märchen weitergehen? Ergänze den Schreibplan. Berücksichtige dabei den Märchenanfang (▸ S. 24) und baue deine Ideen aus Aufgabe 4 a ein.**

Titel: ______________________________

Figuren: ______________________________

Handlung der Fortsetzung: ______________________________

____

____

____

____

____

____

____

Schluss: ______________________________

____

5 **Schreibe eine Fortsetzung des Märchens einschließlich Schluss in dein Heft. Achte darauf, dass deine Ideen zum Textanfang und auch zum Titel des Märchens passen. Lies hierzu die Märchenmerkmale auf ▸ Seite 23 und den Merkkasten auf ▸ Seite 25 nochmals genau durch. Nutze die Checkliste im Lösungsheft zur Überprüfung.**

Sachtexte verstehen

Wissen und Können | **Sachtexte erkennen**

Sachtexte gibt es in ganz unterschiedlichen Bereichen. Du findest sie auch in deinem Deutschbuch. Beachte folgende Merkmale:

- Sachtexte sind z. B. Lexikonartikel, Texte in Sachbüchern, journalistische Sachtexte (Zeitungs- und Zeitschriftenbeiträge), Arbeitsanweisungen, Bastel- und Spielanleitungen sowie Schaubilder und Diagramme.
- Sachtexte **informieren** über bestimmte Themen, manche wollen zu etwas **anleiten** oder **auffordern.**
- Die **Sprache** in Sachtexten ist **sachlich** und **klar.** In der Regel finden sich darin keine Gefühle.
- Wie man einen Sachtext erschließt, kannst du auf ▸Seite 29 nachlesen.

Dörte Eppelin

Der Tag des Waldes

1 Ein Drittel unserer Erde ist von Wald bedeckt, Wald ist für alle Lebewesen lebensnotwendig. Und trotzdem sorgen wir dafür, dass es immer weniger von ihm gibt. Bereits Ende der 1970er Jahre hat die Welternährungsorganisation FAO den 21. März zum „Internationalen Tag des Waldes" erklärt. Dieser Gedenktag soll auf die Probleme des Waldes aufmerksam machen.

2 Denn jedes Jahr verschwinden große Waldflächen unwiederbringlich von unserer Erde. Das hat weitreichende Folgen: für Pflanzen und Tiere, für das Klima und somit auch für uns Menschen. Wald schützt vor Erdrutschen, Lawinen und Überschwemmungen, ist Lebensraum und Rückzugsgebiet für etwa zwei Drittel aller Tier- und Pflanzenarten. Er bindet Kohlendioxid und produziert lebensnotwendigen Sauerstoff. Wald säubert und speichert Wasser.

Die weltweite Abholzung geht weiter
270 000 Bäume werden täglich allein für Hygienepapier gefällt.

Jährlicher weltweiter Papierverbrauch

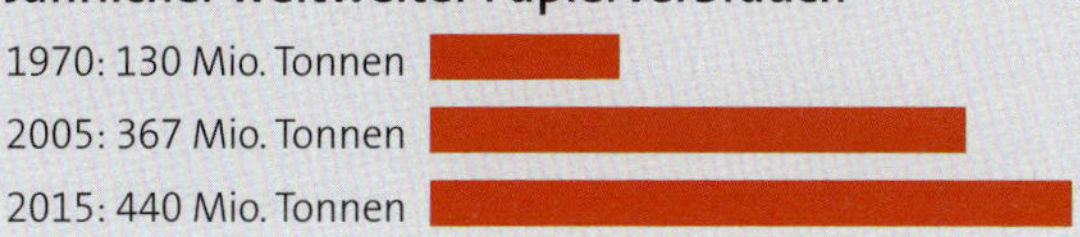

3 Jedes Jahr wird der Zustand des Waldes in Deutschland geprüft. Die Ergebnisse des Waldzustandsberichts von 2015 zeigen, wie wichtig es ist, dass wir den Wald bewahren und schützen: 24 Prozent der Wälder in Deutschland sind stark geschädigt, am stärksten betroffen sind Eichen. Doch insgesamt gesehen wächst der Wald in Deutschland wieder.

4 Weitaus bedenklicher ist die Situation der Regenwälder in Asien und Lateinamerika. Jedes Jahr werden weltweit fast 13 Mio. Hektar Regenwald unwiederbringlich zerstört. Damit ihr euch das besser vorstellen könnt: Pro Minute wird Urwald in der Größe von 3,5 Fußballfeldern vernichtet. Auf ein Jahr hochgerechnet ist das viel mehr als die gesamte Waldfläche Deutschlands.

1 **Verschaffe dir einen ersten Überblick über den Text: Lies die Überschrift und betrachte das Foto sowie das Diagramm. Was erfährst du bereits über das Thema des Textes? Formuliere dazu ein bis zwei Sätze.**

____

____

2 **Lies den Text nun sorgfältig. Unterstreiche schwierige und unbekannte Wörter, schreibe sie auf und versuche, sie aus dem Zusammenhang des Textes zu erklären. Ein Beispiel ist vorgegeben.**

unwiederbringlich (Z. 10) = endgültig, nicht zurückzubringen;

____

3 **Beantworte die folgenden Fragen an den Text: Markiere dazu Schlüsselstellen, die Antwort darauf geben. Verwende für jede Frage eine andere Farbe:**

A Wer hat den 21. März zum „Internationalen Tag des Waldes" erklärt?
B Welche Gründe gab es für diesen Gedenktag?
C Warum ist der Wald für unsere Erde wichtig?
D Wie kümmert man sich in Deutschland um den Wald?
E Wie ist die Situation der Wälder auf anderen Kontinenten?

4 **Durch Zwischenüberschriften kann man einen Text gliedern. Trage ein, zu welchem Absatz die folgenden Zwischenüberschriften passen:**

☐ Wälder weltweit
☐ Tag des Waldes
☐ Bedeutung des Waldes
☐ Zustand des Waldes in Deutschland

5 **Überprüfe die folgenden Aussagen auf ihre Richtigkeit. Kreuze die richtige Antwort an.**

	ja	nein	steht nicht im Text
A Ein Drittel der Erde ist mit Wald bedeckt.	☐	☐	☐
B Das Waldsterben hat keine Folgen für Mensch und Tier.	☐	☐	☐
C 24 Prozent der Wälder in Deutschland sind gesund.	☐	☐	☐
D Die Zerstörung des Waldes ist in Lateinamerika noch dramatischer als in Europa.	☐	☐	☐

6 **Finde jeweils die richtige Frage zu den vorgegebenen Antworten.**

A **Frage:** ____

Anwort: Am stärksten betroffen sind Eichen.

B **Frage:** ____

Antwort: Jede Minute wird eine sehr große Fläche Urwald vernichtet.

7 **Der Sachtext auf Seite 27 wird durch ein Foto und ein Diagramm ergänzt. Beantworte die Fragen dazu:**

a **Wie viele Bäume werden täglich für Hygienepapier (Toilettenpapier, Papiertaschentücher, Küchenrolle usw.) gefällt?**

____

Fotos, Grafiken, Tabellen
Abbildungen tragen zum Verständnis eines Sachtextes bei. **Fotos, Grafiken** und **Tabellen** ergänzen die Informationen aus dem Text anschaulich, knapp und übersichtlich.

b **Wie hat sich der weltweite Papierverbrauch von 1970 bis 2015 verändert?**

____

Wissen und Können | **Einen Text erschließen**

Um das **Thema zu erfassen,** kannst du zunächst nur die Überschrift und (wenn vorhanden) die Zwischenüberschriften lesen sowie die Abbildungen (Fotos, Schaubilder) betrachten oder den Text einmal zügig durchlesen. Um den **Text zu verstehen,** solltest du ihn **genau und sorgfältig lesen,** am besten **mehrmals.**
Bei der Erschließung des Inhalts hilft es, wenn man zum Beispiel

- **unbekannte Ausdrücke** unterstreicht und klärt (aus dem Textzusammenhang oder mit Hilfe eines Wörterbuchs),
- **Fragen** an den Text stellt,
- **Schlüsselstellen** markiert (diese beantworten oft die Fragen an den Text und helfen, ihn zusammenzufassen),
- den Text in **Sinnabschnitte** gliedert und dafür **Zwischenüberschriften** findet,
- den Aufbau und die Zusammenhänge durch **Linien, Pfeile, Symbole und/oder Zeichnungen** verdeutlicht,
- den Inhalt als **Liste, Tabelle, Cluster, Mindmap, Zeitstrahl** oder **Schaubild** wiedergibt,
- **Notizen** zum Inhalt macht.

Dörte Eppelin

Der Weltwassertag

Jährlich am 22. März erinnert der Weltwassertag an die Bedeutung des Wassers. Er wurde 1992 als Gedenktag von den Vereinten Nationen eingeführt, denn Wasser ist das wichtigste Lebensmittel: Alles Leben hängt davon ab. Der menschliche Körper besteht zu 60 bis 70 Prozent aus Wasser, manche Pflanzen (beispielsweise Tomaten oder Gurken) haben sogar einen Wasseranteil von über 90 Prozent. Deshalb benötigen alle Lebewesen ständige Wasserzufuhr zum Überleben. Der Mensch kann mehrere Wochen ohne Nahrung aushalten, jedoch nur drei bis vier Tage ohne Wasser überleben.
Aber Trinkwasser ist auf der Erde rar und kostbar. Zwar sind 71 Prozent der Erde mit Wasser bedeckt, doch davon sind weniger als 3 Prozent Süßwasservorräte. Hinzu kommt, dass ein großer Teil des Süßwassers auf der Erde als Eis an den Polen und in Form von Gletschern gebunden ist. Deshalb ist das Trinkwasser in vielen Regionen so knapp und deshalb haben etwa 1,2 Milliarden Menschen auf der Welt keinen Zugang zu sauberem Wasser. Zahllose Menschen, z. B. auf dem afrikanischen Kontinent, müssen kilometerweit zum nächsten Brunnen laufen, um Wasser zu holen. In vielen Ländern – vor allem in der Dritten Welt – wird aus Not verschmutztes Wasser zum Trinken und Waschen genutzt, was zusammen mit mangelnder medizinischer Versorgung zu Krankheiten und sogar zum Tod führen kann.

In Ländern, in denen das Wasser (noch) nicht knapp ist, gehen die Menschen umso gedankenloser damit um: In den USA verbraucht ein Mensch pro Jahr etwa 3000 Kubikmeter Wasser, weltweit liegt der Wasserverbrauch dagegen bei durchschnittlich 1000 Kubikmetern pro Kopf und Jahr (wobei sehr große Wassermengen in Industrie und Landwirtschaft verbraucht werden). Man weiß nicht, wie lange die Wasservorräte die Menschheit noch versorgen werden.
In Deutschland geht der Trinkwasserverbrauch in den privaten Haushalten seit einigen Jahren zurück. Das liegt zum Beispiel an wassersparenden Armaturen, etwa bei der Toilettenspülung. Auch kann man inzwischen ein kleines Zwischenstück in den Wasserhahn einbauen, das den Wasserstrahl vermindert. Duschen statt Baden kann den Wasserverbrauch ebenfalls erheblich eindämmen. Ebenso sollte man beim Zähneputzen nicht die ganze Zeit das Wasser laufen lassen.

1 **Lies den Text einmal zügig durch. Worum geht es darin? Formuliere das Thema in ein oder zwei Sätzen.**

2 **Lies den Text noch einmal genau und markiere Informationen, die Antwort auf die folgenden Fragen geben (= Schlüsselstellen). Nutze unterschiedliche Farben.**

A Warum ist Wasser so wichtig für Menschen und Pflanzen?
B Weshalb ist das Trinkwasser auf der Erde so knapp?
C Welche Probleme haben die Menschen in der Dritten Welt im Hinblick auf das Trinkwasser?
D Wie gehen die Menschen in Ländern, in denen Trinkwasser noch nicht knapp ist, damit um?
E Durch welche Maßnahmen wird der Trinkwasserverbrauch in Deutschland verringert?

3 **Um den Inhalt eines Textes zu erschließen, kann man ihn z. B. als Cluster darstellen. Ergänze im Cluster zum Thema „Wasser" Zwischenüberschriften zu den Textabsätzen. Die Fragen in ▸ Aufgabe 2 können dir helfen. Ergänze auch die Zeilenangaben.**

Den **Cluster** und die markierten **Schlüsselstellen** kannst du gut als Grundlage für ein **Plakat** verwenden, wenn du über den Text informieren sollst.

Bedeutung von Wasser: wichtigstes ___ (Z. 1– ___)

Wasser

___
auf der Erde ___
– Gründe dafür (Z. ___)

Gedankenlose ___
___
(Z. ___)

– Folgen davon:
1,2 Milliarden Menschen
ohne ___
___
(Z. ___)

Maßnahmen für den Rück-
gang des ___
___
in ___
(Z. 38–46)

4 a **Du hast in dem Text etwas über die Bedeutung des Wassers erfahren. Nun ist deine Meinung gefragt. Warum sollte jeder Mensch verantwortungsvoll mit Wasser umgehen? Für zwei Begründungen findest du hier Textbausteine. Verbinde die passenden Satzteile miteinander. Wörter, mit denen du begründen kannst, stehen im Wortspeicher.**

Wortspeicher
damit • daher • weil • trotzdem • obwohl • dennoch • da • deshalb

Man sollte verantwortungsvoll mit Wasser umgehen ...

Die Trinkwasservorräte auf der Erde sind knapp ...

... sollte man kein Wasser verschwenden.

... man nicht weiß, wie lange die Wasservorräte auf der Erde noch reichen.

b **Welche Möglichkeiten hast du selbst, Wasser zu sparen? Notiere sie aus dem Text und begründe, warum das sinnvoll ist. Schreibe in dein Heft.**

●●● c **Finde weitere Möglichkeiten für das Wassersparen, die nicht im Text stehen, und begründe, warum sie sinnvoll sind. Du kannst Wörter aus dem Wortspeicher verwenden. Schreibe in dein Heft.**

Wortarten

Das Nomen

Wissen und Können | **Das Nomen**

Die meisten Wörter unserer Sprache sind **Nomen** (Hauptwörter, auch Substantive). Sie bezeichnen Lebewesen (z. B.: *Vater, Katze, Blume*) und Eigennamen *(Philipp, Sophie)*, Gegenstände *(Fahrrad, Buch, Auto)* oder Begriffe (Zustände, Gefühle oder etwas Vorgestelltes, z. B.: *Ehrlichkeit, Kälte, Angst, Traum, Fantasie)*. Nomen werden immer **großgeschrieben.** Wenn du einen **Artikel** vor das Wort stellen kannst, handelt es sich um ein Nomen, z. B.: *die Mutter, der Hund, ein Heft*.

1 a **Ergänze das Rätsel. Wie nennt man ...**

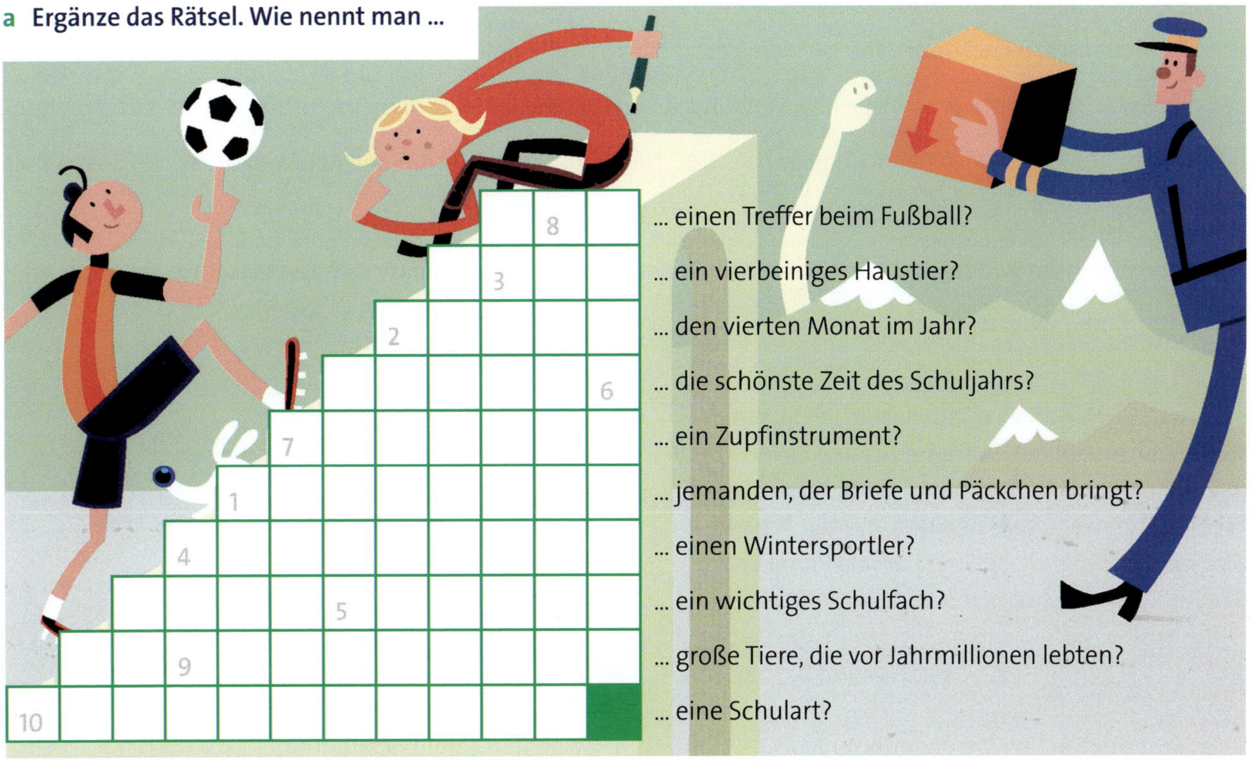

... einen Treffer beim Fußball?
... ein vierbeiniges Haustier?
... den vierten Monat im Jahr?
... die schönste Zeit des Schuljahrs?
... ein Zupfinstrument?
... jemanden, der Briefe und Päckchen bringt?
... einen Wintersportler?
... ein wichtiges Schulfach?
... große Tiere, die vor Jahrmillionen lebten?
... eine Schulart?

b **Die nummerierten Buchstaben von 1 bis 10 ergeben ein weiteres Nomen, das du gerne hörst:** ______________________

2 **Welche verwandten Nomen findest du zu den folgenden Verben (links) und Adjektiven (rechts)? Schreibe sie mit dem passenden Artikel auf.**

laufen	der Lauf, der Läufer	jugendlich	der Jugendliche
schreien	______________	alt	______________
lehren	______________	erwachsen	______________
schlafen	______________	hoch	______________
färben	______________	lang	______________
blühen	______________	fleißig	______________

Wissen und Können **Das Nomen: Genus und Numerus**

Nomen haben ein grammatisches Geschlecht, das **Genus.** Man erkennt es am bestimmten Artikel: *der Tag* (**m = Maskulinum**, männlich), *die Tasche* (**f = Femininum,** weiblich), *das Auto* (**n = Neutrum,** sächlich). Nomen haben einen **Numerus,** d. h. eine Anzahl. Die meisten Nomen kommen im **Singular** (Einzahl) und im **Plural** (Mehrzahl) vor: *der Hund – die Hunde, die Katze – die Katzen, das Pferd – die Pferde.*

3 **Lies, welche Überraschung Laura an ihrem Geburtstag erlebte. Unterstreiche alle Nomen.**

Schon lange schwärmte Laura von einem Computer und hoffte, einen zum Geburtstag zu bekommen. Morgens lief sie eilig in die Küche, wo ihr Vater das Frühstück zubereitete. „Weißt du, was heute für ein Tag ist?", fragte sie. „Samstag", entgegnete der Vater, „aber das weißt du doch." Laura lachte noch, als ihre Mutter hereinkam und ihr ein kleines Päckchen gab. Die Eltern gratulierten Laura. Als sie ihr Geschenk öffnete, fand sie ein Buch und einen Gutschein für neue Inliner. Laura war ein wenig enttäuscht, wollte den Eltern aber die Freude nicht verderben und bedankte sich. Nachmittags kamen einige Verwandte. Der Patenonkel legte eine Tasche auf den Tisch und meinte: „Er ist nicht neu, tut aber sicher noch gute Dienste." Neugierig öffnete Laura den Reißverschluss der Tasche und zog einen Laptop heraus. „Oh", staunte sie, und ihr Vater grinste: „Wir wussten, dass dir Thomas seinen alten Computer schenken würde, deshalb bekamst du von uns keinen." Laura umarmte ihren Onkel, der aber nur gutmütig brummte: „Nun hol doch schon mal den Kaffee!"

4 **Lege in deinem Heft eine Tabelle nach dem nebenstehenden Muster an. Schreibe aus den Zeilen 1 bis 5 (bis „Inliner") die Nomen (ohne die Namen) in die Tabelle. Ergänze jeweils den bestimmten Artikel. Gib, wo dies möglich ist, Singular und Plural an. Bestimme das Genus: m, f oder n (▸ Merkkasten).**

Singular	Plural	Genus
der Computer	*die Computer*	*m*

Wissen und Können **Das Nomen: Kasus**

Im Satz nimmt das Nomen unterschiedliche Formen an: Es steht in einem bestimmten **Kasus** (Fall). Das Nomen in einen Kasus zu setzen, nennt man **deklinieren.** Der Kasus ist manchmal an der Endung und meistens an dem Begleiter des Nomens zu erkennen. Er wird mit bestimmten Fragen ermittelt.

Nominativ (1. Fall)	*Im Dschungel brüllt der Tiger.*	**Wer oder was** brüllt?	*... der Tiger ...*
Genitiv (2. Fall)	*Das Fell des Tigers ist gestreift.*	**Wessen** Fell ist gestreift?	*... des Tigers ...*
Dativ (3. Fall)	*Niemand schaut dem Tiger ins Auge.*	**Wem** schaut niemand ins Auge?	*... dem Tiger ...*
Akkusativ (4. Fall)	*Den Tiger sieht man selten.*	**Wen oder was** sieht man selten?	*... den Tiger ...*

5 **a** **Übertrage die Tabelle in dein Heft und dekliniere die Nomen Käfig, Wüste, Tier im Singular und im Plural.**

Kasus	Numerus: Singular	Plural	Genus
Nominativ	*der, ein Käfig*	*die Käfige*	*m (Maskulinum, männlich)*
Genitiv	...	...	...
Dativ	...	...	...
Akkusativ	...	...	...

●●● **b** **Dekliniere folgende Wörter in einer weiteren Tabelle: der Hase, die Sage, das Lied.**

Nach Jean Craighead George

Julie von den Wölfen (Jugendroman)

6 **Setze im folgenden Textauszug die bestimmten Artikel ein:**

Miyax schob die______ Kapuze des______ Anoraks zurück, um nach ______ Sonne zu sehen. Die war jetzt eine gelbe Scheibe auf einem grünen Himmel, und Miyax schloss aus ______ Farben ______ Himmels und ______ Sonne, dass es gegen sechs Uhr abends sein musste; das war ______ Stunde, da ______ Wölfe erwachten. Geräuschlos stellte sie ihren Kochtopf nieder und kroch auf ______ Höhe ______ kleinen Hügels, eines ______ vielen Erdbuckel, die in der krachenden Kälte ______ arktischen Winters aufbrechen und wieder einsinken. Auf dem Bauch liegend blickte ______ Mädchen über ______ moosgefleckte Grasland und wandte dann seine ganze Aufmerksamkeit auf einen Punkt: ______ Wölfe. Zwei Schlafzeiten war es her, dass Miyax zufällig auf sie gestoßen war.

7 **In welchem Kasus stehen die unterstrichenen Nomen? Setze die passenden Fragewörter ein und bestimme den Kasus.**

Sobald <u>die Wölfe</u> (Wer oder was? Nominativ) erwachten, begrüßten sie einander mit Schwanzwedeln. <u>Dem Mädchen</u> (______) zitterten die Hände und <u>sein Herz</u> (______) begann, rascher zu schlagen. Miyax hatte <u>Angst</u> (______). Sie fürchtete nicht so sehr <u>die Wölfe</u> (______) – die zeigten sich zurückhaltend und waren viele Harpunenschüsse weit entfernt –, aber <u>die Lage</u> (______), in die sie geraten war, machte ihr Angst. Miyax hatte sich verirrt. Seit Tagen wanderte sie durch die Wildnis <u>Alaskas</u> (______), und sie hatte <u>keine Nahrung</u> (______) mehr. <u>Der Wind</u> (______) heulte und pfiff über die Ebene hinweg, und in welche Richtung <u>der Gegend</u> (______) man auch blickte, immer sah man <u>das Gleiche</u> (______).

8 **Bilde vier kurze Sätze, in denen das Wort <u>Wolf</u> jeweils in einem der Fälle vorkommt. Schreibe in dein Heft.**

Das Adjektiv

Wissen und Können **Adjektive**

Adjektive (Eigenschaftswörter) beschreiben Personen, Tiere, Gegenstände, Gefühle, Gedanken und Vorstellungen genauer und nennen ihre Eigenschaften. Sie können Nomen und Verben begleiten, z. B.: *der aufmerksame Beobachter, der heiße Wüstensand; der Gepard läuft schnell, der Wal taucht tief.*
Durch Adjektive werden Texte anschaulich.

1 **a** **Markiere in den folgenden Texten die Adjektive, die das Fell, die Krallen und den Körperbau der drei Katzenarten beschreiben.**
b **Trage die markierten Adjektive in die Tabelle ein.**

Die Hauskatze
Sie ist etwa 50 cm lang und 4 kg schwer. Die schwerste Katze wog 11 Kilogramm. Im Allgemeinen haben Katzen einen kraftvollen Körper. Mit ihren scharfen Krallen können sie sehr gut auf Bäume klettern. Die meisten Hauskatzen haben ein kurzhaariges, grauschwarzes Fell, das gestreift oder gefleckt ist. Unsere Hauskatzen sind sehr sauber, aber wasserscheu.

Der Gepard
Ein Gepard erreicht auf kurzen Strecken bis zu 100 km in der Stunde. Das schafft keine andere Katze. Das Tier besitzt einen wendigen, geschmeidigen Körper und ein gelbrotes Fell, das schwarz gefleckt ist. Das Männchen ist 2,10 m lang, hat etwa 85 cm Schulterhöhe und wiegt 60 kg. Die Krallen, die zum schnellen Anlaufen gebraucht werden, sind stumpf.

Der Tiger
Der Tiger ist mit dem Löwen verwandt. Er hat einen kräftigen Körperbau. Sein Fell ist braungelb und hat schwarze Streifen. Tiger besitzen einen schlanken Körper. Ein Männchen kann mehr als 200 kg wiegen, seine Gesamtlänge beträgt 3 bis 3,5 m. Tiger haben etwa 75 cm Schulterhöhe. Ihre kräftigen Krallen sind gekrümmt.

	Die Hauskatze	Der Gepard	Der Tiger
Fell	kurzhaarig,		
Krallen			
Körperbau			

Wissen und Können **Die Deklination des Adjektivs**

Adjektive, die vor einem Nomen stehen, werden zusammen mit diesem Nomen **dekliniert** (gebeugt). Das heißt, sie richten sich in Genus, Numerus und Kasus nach dem Nomen (▶ S. 32), z. B.: *der große Elefant, des großen Elefanten, die großen Elefanten.*

2 **Ergänze die fehlenden Formen in den richtigen Fällen (Kasus), indem du die Fragen stellst: Wer oder was? Wessen? Wem? Wen oder was?**

Singular			
Nominativ	der wilde Löwe	die zahme Maus	das weiße Pferd
Genitiv	______	der zahmen Maus	______
Dativ	______	______	dem weißen Pferd
Akkusativ	den wilden Löwen	______	______
Plural			
Nominativ	______	die zahmen Mäuse	______
Genitiv	der wilden Löwen	______	______
Dativ	den wilden Löwen	______	den weißen Pferden
Akkusativ	______	die zahmen Mäuse	______

3 a **Unterstreiche im folgenden Text zu jedem Adjektiv das zugehörige Nomen.**
b **Ergänze bei jedem deklinierten Adjektiv die passende Endung.**
c **Schreibe die Adjektive in dein Heft und bilde die Grundform:**
typische – typisch.
●● d **Vermerke im Text mit einer Ziffer den jeweiligen Fall von Adjektiv und Nomen (1 = Nominativ, 2 = Genitiv, 3 = Dativ, 4 = Akkusativ).**

Das Verhalten der Elefanten

Elefanten sind typisch____ Herdentiere. Die Herden können 20 bis 30 Tiere umfassen und werden meist von einem älter____ weiblich____ Tier angeführt. Mit ihrer lang____ Erfahrung und dem hervorragend____ Gedächtnis kennt diese Leitkuh genug ergiebig____ Futter- und Wasserplätze. Elefanten zeigen ein sehr sozial____ Verhalten. Die jung____ Elefanten werden von allen beschützt, sie wachsen im Rudel auf. Auch verletzt____, trächtig____ oder alt____ Tiere werden von anderen geschützt. Die gutmütig____ Elefanten kennen in der frei____ Natur keine natürlich____ Feinde. Sie besitzen ein sehr gut____ und lang____ Gedächtnis. Noch Jahre nach einem besonder____ Vorfall können sie sich genau an ehemalig____ Feinde erinnern.

Wissen und Können — Die Steigerung von Adjektiven

Um Eigenschaften miteinander zu vergleichen, kann man die meisten Adjektive steigern.

Positiv (Grundform)	**Komparativ** (Höherstufe)	**Superlativ** (Höchststufe)
Das Pferd ist groß.	*Der Elefant ist größer als das Pferd.*	*Der Blauwal ist am größten.*
Die Taube ist ein großer Vogel.	*Der Bussard ist ein größerer Vogel.*	*Der Kranich ist bei uns der größte Vogel.*

Es gibt einige Adjektive, die unregelmäßig gesteigert werden, z. B.:
gut – besser – am besten; viel – mehr – am meisten; hoch – höher – am höchsten.

4 a **Unterstreiche auf den folgenden Quizkarten die gesteigerten Adjektive:**

Wusstest du, dass ...

... der Seeotter von allen Tieren das dichteste Fell hat?

... Moschusochsen die längsten Fellhaare haben?

... das Faultier langsamer als alle anderen Säugetiere ist?

... Pinguine besser schwimmen als mancher Fisch?

... der Pottwal tiefer taucht als jedes andere Tier, das Luft holen muss?

... der Gepard am schnellsten ist?

b **Trage die gesteigerten Adjektive von den Quizkarten in die Tabelle ein und ergänze die fehlenden Formen.**

Positiv	Komparativ	Superlativ
		dichteste, am dichtesten

Wissen und Können — Adjektive, die sich nicht steigern lassen

Es gibt Adjektive, die man nicht steigern kann, weil es keinen Sinn ergibt, z. B. *leer* oder *tot*.

5 a **Umkreise diejenigen Adjektive, die sich nicht steigern lassen.**
b **Schreibe die anderen in dein Heft und steigere sie.**

Wortspeicher
stark • berühmt • blind • kurz • winzig • einzig • viereckig • leise • rund • gefährlich • lebendig

Pronomen

Wissen und Können **Pronomen – Personalpronomen**

Pronomen (Fürwörter) vertreten oder begleiten Nomen. Sie werden wie die Nomen **dekliniert** (gebeugt).
Die gebräuchlichsten Pronomen sind die **Personalpronomen** (persönliche Fürwörter).
Sie lauten im Nominativ, Dativ und Akkusativ (der Genitiv ist sehr selten):

1. Person Singular	*ich, mir, mich*	**1. Person Plural**	*wir, uns, uns*
2. Person Singular	*du, dir, dich*	**2. Person Plural**	*ihr, euch, euch*
3. Person Singular	*er, ihm, ihn – sie, ihr, sie – es, ihm, es*	**3. Person Plural**	*sie, ihnen, sie*

Pronomen bieten in Texten eine gute Möglichkeit, Wiederholungen zu vermeiden.

1 a **In diesem Text kommen einige Nomen immer wieder vor. Unterstreiche sie.**
b **Ersetze die Wiederholungen an geeigneter Stelle durch Personalpronomen. Schreibe sie über die Nomen.**

Der Braunbär

Braunbären sehen oft faul und gemütlich aus. Aber eigentlich sind Braunbären Supersportler. Der Braunbär ist ein sehr guter Schwimmer und Läufer. Andere Tiere kann ein Braunbär deshalb leicht besiegen. Die Tiere sind extrem stark – bärenstark. Einen hundert Kilo schweren Sack können die Tiere locker einen Hügel hinaufschleppen. Braunbären schlafen im Winter die meiste Zeit. Braunbären halten zwar keinen echten Winterschlaf, aber Winterruhe. Damit das Herz weniger Energie verbraucht, schlägt das Herz dann langsamer. Im Herbst futtern sich Braunbären Winterspeck an. Die Braunbären haben dann so etwas wie einen Vorrat.

2 **Trage in die Lücken des folgenden Textes die fehlenden Personalpronomen ein:**

Im Kino

Paul hat von Nico zum Geburtstag einen Kinobesuch geschenkt bekommen. ________ möchte den Gutschein am Sonntag einlösen und bittet Nico mitzukommen. Beide spurten los. ________ setzen sich auf einen guten Platz, denn es ist ein 3-D-Film: „Leben im Ozean“. „Setzt ________ deine 3-D-Brille schon auf?“, fragt Paul. „Nein, ________ nehme ________ erst, wenn der Film beginnt“, antwortet Nico, „sonst sehe ________ so komisch aus.“ „Hallo, ________ seid ja auch da!“, ruft plötzlich eine Stimme. Dragan setzt sich neben ________. Gebannt verfolgen die Jungen die Szenen. Nur zögernd setzen ________ nach dem Film die Brillen ab. „So gut möchte ________ auch mal tauchen können“, meint Paul zu Nico. „Vielen Dank, dass ________ ________ eingeladen hast.“

Wissen und Können Possessivpronomen

Possessivpronomen (besitzanzeigende Fürwörter) drücken einen **Besitz** oder eine **Zugehörigkeit** aus. Sie begleiten meist Nomen und richten sich dann nach der jeweiligen Person sowie dem Genus und Kasus des Nomens.

mein Koffer	*dein Koffer*	*sein Koffer*	*ihr Koffer*	*unser Koffer*	*euer Koffer*	*ihr Koffer*
meines Koffers	...	...	...	...	...	...
meinem Koffer	...	...	...	...	...	...
meinen Koffer	...	...	...	...	...	...

1 **a** **Unterstreiche in den Sprechblasen die Possessivpronomen grün und die dazugehörigen Nomen blau.**
b **Schreibe die Pronomen und die dazugehörigen Nomen im Nominativ in dein Heft:** *dein Kater, sein ...*

Beim Tierarzt

2 **Setze in die Lücken der folgenden Erzählung eines Schülers die passenden Possessivpronomen ein:**

Schreck im Freibad

Sara und Lea amüsierten sich über ____________ Klassenkameraden, die vom Dreierbrett sprangen. „Das war Andi. Hast du ____________ Bauchplatscher gesehen?", spottete Lea. „____________ Dalmatiner kann das auch." „Uh, ____________ Badetücher sind nass geworden!", schrie Sara hinüber zu den Jungen. „____________ Sprünge sind ja ganz toll", ergänzte Lea. Andi und Tom rückten an. „Ihr könnt ____________ Handtuch haben", sagte Andi gönnerhaft. „Aber warum legt ihr ____________ Sachen auch direkt neben den Sprungturm?" „Ich hole jetzt sowieso ____________ Klamotten aus der Umkleide, weil ich nach Hause muss", meinte Lea. „Wo ist denn ____________ Schlüssel?" Hektisch durchsuchte sie ____________ Badetasche. „Ist das vielleicht ____________ Schlüssel?", fragte Tom und hob etwas vom Boden auf. Lea nahm ____________ Schlüssel entgegen und sagte: „Danke – und entschuldigt, dass wir so gelästert haben."

3 **a** **Übernimm die Liste aus dem blauen Kasten in dein Heft und ergänze sie.**
●●● **b** **Schreibe zusätzlich alle Fälle von meine Tasche und mein Rad in dein Heft.**

Wissen und Können **Demonstrativpronomen**

Demonstrativpronomen (hinweisende Fürwörter) weisen auf jemanden oder etwas hin: *dieser, diese, dieses – jener, jene, jenes – der, die, das* (wenn sie im Unterschied zum Artikel betont sind):
Dieser Schmetterling ist selten. Jene Gebirgskette gehört zu den Alpen. In dem Gasthaus übernachtete Schiller.
Manchmal steht das Demonstrativpronomen nicht vor einem Nomen, sondern bezieht sich auf ein vorhergehendes Nomen, z. B.: *Im Mittelalter lebten die meisten Ritter in Burgen. Diese stehen oft heute noch.*

1 **Oje, der Museumsführer in der Burg hat seinen Spickzettel verloren! Hilf ihm, ihn wieder zusammenzustellen. Setze jeweils das passende Demonstrativpronomen vor das Nomen aus dem Wortspeicher.**

Wortspeicher
Gemälde • Kloster • Stube • Bücher • Frauen • Ritterrüstungen • Schachspiel • ~~Schaubild~~

Führung durch die Festung

Auf diesem Schaubild können Sie sehen, wie die Burg im 14. Jahrhundert ausgesehen hat. ____________ ____________ zeigt den berühmten Erbauer der Festung, Ritter Wunibert, in voller Rüstung. Sein Wappen ist auf dem Schild zu erkennen, das er in der Hand hält. ____________ auf der rechten Seite beweisen, wie klein die Menschen damals im Vergleich zu heutigen Erwachsenen gewesen sind. Sie wussten sich aber gut zu wehren, das zeigen die Spieße und Schwerter an der Wand. ____________ hier war die Kemenate; sie enthält als einzige einen Kamin als Feuerstelle, deshalb war sie für ____________ gedacht, die sich trotz der ungemütlichen Wohnsituation auf der Burg aufhielten. In den Vitrinen erkennen Sie Dinge, mit denen sich die Ritter die Zeit vertrieben, ____________ etwa oder die Laute, welche ein Sänger auf der Burg spielte. ____________, die unter Glas zu sehen sind, wurden nicht von den Rittern zum Lesen genutzt – die konnten das nämlich nicht. Es sind Beschreibungen von Heiligen und sie stammen aus ____________, das vom Fenster aus zu sehen ist.

2 **Setze passende Pronomen (D = Demonstrativpronomen, P = Personalpronomen, Poss = Possessivpronomen) im richtigen Kasus ein. Kennzeichne jeweils mit einem Pfeil, zu welchem Nomen die Pronomen gehören.**

Bis zum 17. Jahrhundert lebten in ____________ (D) Landstrich Ritter. Schon 300 Jahre vorher hatten ____________ (Poss) Vorfahren hier eine Burg bauen lassen. Der Landesherr, ein mächtiger Bischof, ließ ____________ (D) jedoch niederreißen, weil die Burgherren inzwischen als Raubritter die Gegend unsicher machten. Soldaten nahmen die Ritter gefangen. Kurz darauf machte man ____________ (P) den Prozess und sperrte ____________ (P) in den Hungerturm. ____________ (D) hatte der Bischof kurz zuvor errichten lassen.

Wissen und Können **Relativpronomen**

Relativpronomen *(der, die das – welcher, welche, welches)* leiten Nebensätze (Relativsätze) ein und beziehen sich auf Wörter oder Wortgruppen des Hauptsatzes:
Numi radelt durch den Wald, der sich schon herbstlich verfärbt. Sie beobachtet eine Taube, die Futter sucht.
Ein Igel raschelt in den Blättern und Zweigen, die den Boden bedecken.
Der Relativsatz kann auch in den Hauptsatz eingeschoben sein:
Ein Eichhörnchen, das Numi entdeckte, sprang schnell davon.
Relativpronomen können wie Nomen dekliniert werden:
Der Regenbogen, den Numi bewundert, verblasst langsam.

1 Die Klasse 5 b hat einen Ausflug in den Tierpark gemacht. Danach haben die Kinder ihre Eindrücke aufgeschrieben.
a Unterstreiche die Relativpronomen und die Nomen, auf die sie sich beziehen, in der gleichen Farbe.
b Verbinde die Relativsätze mit den passenden Hauptsätzen durch Pfeile. Zeichne genau ein, wohin der Relativsatz gehört.
c Ergänze die fehlenden Satzzeichen (Kommas und Punkte).

Am Freitag unternahmen wir einen Ausflug	in dem es verschiedene Tiere gibt
Wir besuchten einen kleinen Tierpark	der uns allen viel Spaß gemacht hat
Am besten gefiel mir ein geschecktes Pony	denen der Wärter daraufhin Rüben gab
Gleich meldeten sich mit Gemecker die Ziegen	das mit seinen Ferkeln im Schlamm wühlte
Am lustigsten war das Hängebauchschwein	dem Heu in die Futterkrippe gestreut wurde

2 a Setze in der folgenden Geschichte über einen ganz besonderen Schwarzfahrer die richtigen Relativpronomen ein und zeichne jeweils einen Pfeil zum Bezugswort.
●●● b Bestimme die farbig unterlegten Pronomen. Schreibe darüber: P = Personalpronomen, D = Demonstrativpronomen, Poss = Possessivpronomen.

Eine Familie aus Gera, ________ bei einem Besuch in Würzburg einen großen Schrecken erlebte, ist wieder glücklich. Verzweifelt hatten die Eltern und zwei Töchter den Ringpark abgesucht, in ________ ihr Dalmatiner Jovi verschwunden war. Nach dem Einsteigen war er blitzschnell aus dem Heck des Autos gesprungen, ________ sich kurz noch einmal geöffnet hatte. Jovi spazierte zum Hauptbahnhof, vor ________ die Straßenbahnen halten. Er stieg in die Bahn der Linie 5, ________ zum Rathaus fährt. Ein Passant, ________ der herrenlose Hund auffiel, verließ mit diesem die Bahn. Er verständigte die Polizei, ________ den Dalmatiner ins Tierheim brachte. Dort hatten seine Besitzer bereits angerufen. Bald darauf wurde Jovi, ________ auch zu Hause gern Straßenbahn fährt, der erleichterten Familie übergeben. Dies wird ihr eine Lehre sein.

Das Verb

Wissen und Können **Das Verb**

Verben (Zeitwörter, Tätigkeitswörter) geben an, was geschieht *(es regnet)* oder was jemand tut *(er geht)*.
Der **Infinitiv** (Grundform) eines Verbs endet auf **-en** oder **-n,** z. B.: *gehen, lachen, klettern.*
In Sätzen wird die **Personalform** des Verbs gebildet. Das nennt man **konjugieren** (beugen):

	Singular	Plural
1. Person	*ich lache*	*wir lachen*
2. Person	*du lachst*	*ihr lacht*
3. Person	*er/sie/es lacht*	*sie lachen*

1 **Konjugiere in deinem Heft das Verb „staunen":**
ich staune, du ...

2 **Ergänze in dem Gedicht von James Krüss die richtige Personalform von „haben" im Präsens.**

James Krüss

Der törichte Star

Ich ________ zu Hause einen richtigen Star.
Du ________ keine Ahnung, wie töricht der war:
Er ________ voll Erstaunen auf Trinchen geschaut.
Sie ________ nämlich Häuser aus Klötzchen gebaut.
Es ________ ihn erstaunt und gewundert. Ganz klar:

Wir ________ ja viel mehr Verstand als ein Star.
Ihr ________ das wohl selber schon einmal erkannt:
Sie ________ als Stare halt Starenverstand!
Sie ________ (und damit erklär' ich es mir),
sie ________ halt kleinere Köpfe als wir!

Wissen und Können **Starke und schwache Verben**

Bei vielen Verben wechselt der **Vokal im Wortstamm** in verschiedenen Verbformen, z. B. in der 2. und 3. Person Singular Präsens, im Präteritum, im Partizip II oder im Imperativ (z. B.: *sprechen – du sprichst, er/sie/es spricht – ich sprach – gesprochen – sprich!*). Diese Verben nennt man **starke Verben,** im Gegensatz zu den **schwachen Verben,** bei denen der Stammvokal erhalten bleibt (z. B.: *reden – du redest, er/sie/es redet – ich redete – geredet – rede!*).

3 **Setze die Verben in der richtigen Personalform in die Lücken ein.**

Juri ________________ (essen) einen Apfel und ________________ (sehen) zum Fenster hinaus. „________________ (helfen) du mir beim Kochen?", schreckt ihn seine Mutter auf. In der Küche ________________ (fressen) Lotti, die Katze, ihr Hackfleisch. „________________ (vergessen) bitte nicht den Pudding", erinnert Juri die Mutter. Sie ________________ (versprechen) es.

Wissen und Können – Das Partizip

Partizipien sind Verbformen, die wie Adjektive z. B. als Begleiter von Nomen verwendet werden können.
Es gibt zwei Partizipformen:

- **Partizip I** = Partizip Präsens (Partizip der Gegenwart), z. B.: *lachend, rufend*
- **Partizip II** = Partizip Perfekt (Partizip der Vergangenheit), z. B.: *vergessen, verlassen, gegessen, umgegraben*

Das Partizip II wird auch bei der Bildung von Perfekt (▶ S. 46) und Plusquamperfekt (▶ S. 47) eingesetzt:
Ich habe das Buch vergessen. (Perfekt) – *Ich hatte das Buch vergessen.* (Plusquamperfekt)
Er hat den Kuchen gegessen. (Perfekt) – *Er hatte den Kuchen gegessen.* (Plusquamperfekt)

1 **a** **Vervollständige die Tabelle. Trage jeweils das richtige Partizip ein.**

Grundform	Partizip I	Partizip II
rennen	rennend	gerannt
aufspringen	__________	aufgesprungen
murmeln	murmelnd	__________
stehen	__________	gestanden

b **Bilde die Partizipien zu den Verben tanzen, spielen, singen. Schreibe Grundform, Partizip I und Partizip II in einer ähnlichen Tabelle in dein Heft. Beachte: Eines ist ein starkes Verb (▶ S. 41)!**

c **Suche weitere sechs Verben und schreibe sie in die Tabelle in deinem Heft. Finde dazu die Partizipien.**

2 **Simon besucht seine Großeltern. Da gibt es viele Fragen. Simon fragt seinen Opa, warum er so gerne Western anschaut. Setze in die Antworten des Opas das richtige Partizip I in die Lücken ein.**

Ich sehe so gerne Western

... wegen der galoppierenden __________ (galoppieren) Cowboys,

... wegen der __________ (flirren) Hitze über der Wüste,

... wegen der __________ (schießen) Gangsterbanden,

... wegen der __________ (leuchten) Landschaften.

3 **Seine Oma erkundigt sich, was Simon gerne isst. Ergänze seine Angaben mit dem Partizip II.**

Ich esse gerne (braten) gebratene __________ Hähnchen,

(füllen) __________ Paprikaschoten,

(dünsten) __________ Fisch in Rahmsoße,

mit Käse __________ (überbacken) Auflauf,

(einkochen) __________ Birnen und Pflaumen.

Teste dich!

Wortarten

1 Setze die Wortgruppen aus den Klammern im passenden Kasus ein. (7 P.)

Sonnenuhren haben ____________________ (ein unbeweglicher Zeiger), der ____________ ____________ (ein Schatten) auf eine ebene Oberfläche wirft. Auf ____________________ (diese Oberfläche) sind die Stunden markiert. Entsprechend ______________ (der Lauf) ______ ____________ (die Sonne) wandert der Schatten von ______________ (eine Ziffer) zur nächsten, sodass man ________________ (die Uhrzeit) ablesen kann.

2 a Setze jedes Adjektiv in der passenden Form ein. (7 P.)
b Unterstreiche Formen im Positiv blau, im Komparativ grün und im Superlativ orange. (7 P.)

Von allen Raubkatzen läuft der Gepard ____________ (schnell). Sein ______________ (geschmeidig) Körper wird über zwei Meter ________ (lang). Der Tiger ist ________ (groß) und ________ (schwer) als der Gepard, deshalb läuft er ____________ (langsam) als dieser. Tiger sind die __________ (groß) Katzen.

3 a Unterstreiche in der Überschrift und Teil A des folgenden Textes alle Nomen blau, die Verben grün sowie Adjektive und das eine vorhandene Partizip gelb (ohne Wiederholungen). (26 P.)
b Kreise im Teil B des Textes alle Pronomen ein und bestimme sie durch eine Abkürzung (P = Personalpronomen, D = Demonstrativpronomen, Poss = Possessivpronomen, R = Relativpronomen). (7 P.)

Die Erfindung des Kugelschreibers

A

Als der Ungar Lászlò Biró 1943 den Kugelschreiber zum Patent anmeldete, ahnte er nichts von seinem großartigen Erfolg. Die Idee für dieses neuartige Schreibgerät, das heute jeder benutzt, entstand schon im Jahr 1938. Biró bemerkte damals, dass die in Zeitungsdruckereien verwendete Tinte schneller trocknete und dass das Papier sauber und schmierfrei blieb.

B

Ihm kam die Idee, jene Tinte für nicht kleckernde Schreibgeräte zu nutzen. Die dickere Tinte lief jedoch nicht durch die üblichen Federn. Er ersetzte die Feder durch eine Metallkugel, die sich in ihrer Fassung frei drehen konnte. Bewegt man den Stift über das Papier, so rotiert der Ball. Dadurch nimmt er Tinte auf und überträgt sie auf das Papier.

Vergleiche deine Ergebnisse mit dem Lösungsheft. Für jede richtige Antwort bekommst du einen Punkt.

☺ 54–43 Punkte	😐 42–29 Punkte	☹ 28–0 Punkte
Gut gemacht!	Gar nicht schlecht, aber lies dir die Merkkästen auf den Seiten 31 bis 42 noch einmal genau durch .	Arbeite die Seiten 31 bis 42 noch einmal sorgfältig durch.

Tempusformen des Verbs

Wissen und Können **Tempusformen des Verbs: Präsens und Futur I**

Verben sagen nicht nur aus, **was** jemand tut, sondern auch, **wann** etwas geschieht. Sie lassen sich in verschiedene Zeitformen (die Tempora, Singular: das Tempus) setzen. **Verben im Präsens** (Gegenwart) sagen,

- was gerade geschieht: *Ich übe für das Diktat.*
- was immer gilt: *Ein Kreis ist rund. Fische leben im Wasser. Übung macht den Meister.*
- was in der Zukunft geschieht (nur mit Signalwort oder Zeitangabe!): *Morgen komme ich zu dir.*

Verben im Futur I drücken ein zukünftiges Geschehen aus: *Ich werde nach München fahren.*
Das Futur I bildet man aus der Personalform von *werden* im Präsens + Infinitiv (Grundform) des Verbs.

1 **a Was machen die Menschen in diesen Berufen? Sammle passende Verben und schreibe sie im Präsens auf.**

Sie unterrichtet ______________________

Er ______________________

Er ______________________

Sie ______________________

b Begründe, warum für diese Beschreibungen das Präsens die richtige Tempusform ist.

____

2 **Unterstreiche im folgenden Text alle Verben im Präsens blau und alle Verben im Futur grün.**
Achtung: Manche Verben sind zweiteilig!

Im Reich der Masken

Bei Jörg sieht es auf den ersten Blick aus wie bei einem Friseur. Überall hängen Perücken in allen möglichen Farben. Auf dem Tisch stehen Schminke, Cremes, Lockenwickler und Haarfestiger. Jörg ist Maskenbildner, und wen er schminkt und anmalt, der erkennt sich nach kurzer Zeit selbst nicht wieder. Die meisten Maskenbildner machen zuerst eine Friseurlehre. Schließlich arbeiten sie in ihrem Beruf viel an Bärten und Perücken. Die eigentliche Ausbildung zum Maskenbildner dauert noch einmal drei Jahre. Morgen verwandelt Jörg eine junge Schauspielerin in eine Hexe. Dazu wird sie eine graue, verfilzte Perücke aufsetzen. Jörg wird ihr tiefe Runzeln ins hübsche Gesicht schminken und eine hässliche Warze ans Kinn kleben. Als Krönung wird er der jungen Frau eine große, spitze Nase verpassen. Wir werden sehen, ob die Verwandlung gelingt!

Wissen und Können **Tempusformen des Verbs: Präteritum**

Verben im Präteritum sagen, was bereits geschehen ist: *Gestern lernte ich für die Arbeit.*
Das Präteritum verwendest du beim **schriftlichen Erzählen.**

3 a Unterstreiche die Verben im Präteritum.

Ein Ferientag

Es war im Juli. Ich besuchte, wie immer in den Ferien, meine Großeltern an der Küste. Ich war gern dort. Nahezu jede freie Minute verbrachte ich mit Rasmus und Nils, den Nachbarskindern. Bei Ebbe gingen wir zum Meer und suchten am Strand nach Schätzen. Manchmal brachte uns Großvater mit dem Segelboot zu einer kleinen Insel. Wir kletterten über Felsen, sprangen in das erfrischende Meerwasser und beobachteten die zahllosen Fischschwärme, die neben uns schwammen. Eines Tages …

b Trage in deinem Heft die unterstrichenen Verbformen in eine Tabelle nach dem nebenstehenden Muster ein und ergänze den Infinitiv.

Verbform	Infinitiv
war	*sein*

c Unterstreiche die zu dem Verb gehörenden Subjekte in anderer Farbe. Schreibe Subjekte und Verbformen in dein Heft und bestimme sie, z. B. *Es war (3. Person Singular Präteritum) …*

●●● d Wie könnte die Geschichte weitergehen? Schreibe eine kurze Fortsetzung in dein Heft. Achte auf das Präteritum.

4 a Im folgenden Text sind einige Verben unterstrichen. Bilde dazu die richtige Personalform (▶ S. 41) im Präteritum und schreibe sie rechts neben den Text.

Ritter Runkel von Runkelstein

Ritter Runkel hat es satt. Seine Rüstung klemmt und drückt ihn schon wieder an allen möglichen Stellen. Vor allem über dem Bauch ist sein Panzerhemd zu knapp. Dabei kann es bestimmt nicht an dem bisschen Essen liegen, das er zu sich nimmt. Zum Frühstück isst er nur etwas Speck und ein Dutzend Eier. Mittags gibt es auch nicht viel, nur eine Schüssel mit Fleisch und elf dicke Scheiben Roggenbrot, dazu ein paar Humpen[1] Bier. Abends kommen zwar oft gefüllte Gänse oder auch Forellen auf den Tisch, aber Runkel fastet ja tagsüber beinahe. Nur gelegentlich knabbert er etwas Konfekt und Nüsse. Trotzdem ist der Waffenrock schon wieder zu eng, sein Rappe[2] kann Mann und Sattel kaum noch schleppen. Was soll er nur machen? Des Ritters Gattin hat einen Tipp.

1 Humpen: großes Trinkgefäß

2 Rappe: schwarzes Pferd

●●● b Was meinst du, welchen Rat gab die Rittersfrau ihrem Mann? Schreibe deine Ideen unter der Überschrift Tipps der Rittersfrau in dein Heft, z. B. *Die Gattin des korpulenten Ritters verordnete ihm … Er musste … Er durfte nicht …*

Wissen und Können **Tempusformen des Verbs: Perfekt**

Vor allem beim **mündlichen Erzählen,** also in Gesprächen, verwendet man zur Darstellung von etwas Vergangenem das **Perfekt.** Wenn du von der Schule nach Hause kommst, erzählst du: *Ich habe ein neues Gedicht gelernt.* Oder du berichtest einem Freund: *Ich bin heute mit dem Fahrrad in die Schule gekommen.*
Beachte: Das Perfekt wird unterschiedlich gebildet:
- Präsensform von *haben* + Partizip II des Verbs: *Ich habe gesehen.*
- Präsensform von *sein* + Partizip II des Verbs: *Ich bin gefahren.* (Zum Partizip ▸ S. 42.)

5 **a** **Die Schülerinnen und Schüler der 5a unterhalten sich kurz nach dessen Ende über das Sportfest. Ergänze die fehlenden Aussagen. Verwende das Perfekt.**
b **Unterstreiche anschließend die Perfektformen farbig.**

Sophie: Ich bin die hundert Meter in 14 Sekunden gesprintet.

Erkan: Nach meinem tollen Weitsprung habe ich vor Freude gejubelt.

Bettina: Unsere Klasse ______
(beim Völkerball gewinnen)

Isabel: Im Probelauf ______
(langsamer laufen)

Saskia: Herr Wunsch ______
(die Spielregeln noch einmal erklären)

Jonas: Stundenlang ______
(die Startnummer suchen)

Fritz: ______
(vor Moritz ins Ziel kommen)

Ronja: ______
(Teilnehmer mit Getränken versorgen)

Steffen: ______
(beim Fußballspiel den Knöchel verstaucht)

6 **Schreibe die folgenden Verben im Perfekt auf. Achte auf den richtigen Stammvokal.**

schreiben	ich habe geschrieben	gehen	wir
bleiben	du	singen	ihr
denken	er	nehmen	sie
rennen	sie	springen	sie
schreien	es	liegen	sie

Wissen und Können **Tempusformen des Verbs: Plusquamperfekt**

Wenn du von einem Ereignis in der **Vergangenheit** berichtest und auch noch mitteilen möchtest, was **davor** geschehen ist **(Vorzeitigkeit),** gebrauchst du dafür das **Plusquamperfekt.**
Es wird mit den Präteritumformen von *haben* oder von *sein* und dem Partizip II des Verbs gebildet:
Nachdem ich das Buch ausgelesen hatte, ging ich ins Bett. Er war eingeschlafen, bevor der Film zu Ende war.

7 **Unterstreiche die Präteritumformen grün und die Plusquamperfektformen blau.**

Die Feste des Partyschlumpfs

Es war einmal ein Schlumpf, der immer nur eins im Kopf hatte: ein Fest zu feiern! Jeder Anlass war ihm recht: Weil der Überraschungsschlumpf „Jokey" einen neuen Streich gespielt hatte, weil der Feinschmeckerschlumpf „Torti" einen leckeren Kuchen gebacken hatte, wenn die Sonne schien oder wenn Vollmond war, immer rief der Partyschlumpf: „Wollen wir ein Fest schlumpfen?" Und dann öffnete er die großen Truhen, die bei ihm im Hause standen. Er packte alles aus, was er im Laufe der Zeit dafür so gesammelt hatte: Lampions, Luftschlangen, Tröten und Kostüme. Für jeden Anlass hatte er die richtige Dekoration. Sie feierten jeden Tag ein anderes Fest. Da Feiern aber anstrengend ist, waren sie am nächsten Morgen alle müde. Nachdem sie einige Wochen gefeiert hatten, merkten die Schlümpfe auf einmal, dass nichts mehr so richtig schlumpfte: Es gab morgens kein Brot mehr, weil der Bäckerschlumpf verschlafen hatte. Es wurde nichts mehr repariert, denn der Bastelschlumpf war immer zu müde.

8 **Setze die Infinitive in den Klammern in das Plusquamperfekt:**

Der Dichterschlumpf hatte schon lange nicht mehr gedichtet (dichten) und Jokey __________ seit Tagen keinen Streich mehr ______________________ (spielen). Da beschlossen sie, dass es so nicht mehr weiterging. Noch am selben Tage, als der Partyschlumpf wieder ein Fest schlumpfen wollte – diesmal, weil er drei Gänseblümchen ______________________________ (pflücken) –, kamen die anderen Schlümpfe und sagten: „Es ist gar nicht schlumpfig, jeden Tag ein Fest zu feiern." Der Partyschlumpf, nachdem er zunächst traurig ______________________ __________ (sein), stimmte den anderen zu. Von da an gingen alle Schlümpfe wieder ihrer Arbeit nach, und nur noch, wenn es einen wirklichen Grund zum Feiern gab – wenn sie zum Beispiel Gargamel ______________________________ ______________________ (hereinlegen) –, organisierte der Partyschlumpf ein schlumpfastisches Fest.

Teste dich!

Tempusformen des Verbs

1 **a** **Im folgenden Text sind einige Verbformen fett gedruckt. Bestimme das Tempus und verwende die Abkürzungen: Präs. = Präsens, Perf. = Perfekt, Prät. = Präteritum, Plusqu. = Plusquamperfekt. (7 P.)**

Heute **hat** (__________) mein Freund Ben Geburtstag. Als er sein Geschenk **ausgepackt hatte** (__________), **musste** (__________) er laut lachen. „Das **habe** ich doch schon mal von dir **bekommen** (__________)", **kicherte** (__________) er. „Das **ist** (__________) mir echt peinlich", **antwortete** (__________) ich kleinlaut.

b **Setze nun selbst die passende Verbform in die Lücke ein und bestimme die Tempusform in der rechten Spalte. Benutze für die Bestimmung die gleichen Abkürzungen wie in Aufgabe 1. (6 P.)**

Die Feier war (sein) immer noch in vollem Gang, als Bens Mutter den Kuchen __________ __________

__________ (hereintragen) und nun riesige Stücke __________ __________

(abschneiden). Ich dachte mir: „Hoffentlich __________ (schaffen) ich das ganze __________

Kuchenstück, denn schon letztes Jahr __________ (sein) die Stücke so groß, dass ich __________

meines nicht __________ (aufessen __________

können)." Damals __________ ich aber vorher zu Hause zu Mittag __________

__________ (essen). __________

2 **Hier sind die Zeitformen durcheinandergeraten. Streiche die falschen Zeitformen durch und schreibe die richtigen an der passenden Stelle über die Zeilen. (8 P.)**

VORSICHT FEHLER!

Nächstes Jahr feierte ich meinen Geburtstag am Waginger See. Dort hat meine Oma gewohnt, und sie hatte mir und meinen Gästen ihren Garten überlassen. Letzten Sommer gibt mein Bruder auf dem großen Seegrundstück eine tolle Party. Nachdem er und seine Freunde ausgiebig im See schwammen, freuen sie sich auf Kuchen und Kakao. Oma hat vorher drei Tage lang gebacken, ihre Kuchen und Torten werden wunderbar schmecken.

Vergleiche deine Antworten mit dem Lösungsheft. Für jede richtige Antwort bekommst du einen Punkt.

☺ 21–17 Punkte	☺ 16–11 Punkte	☹ 10–0 Punkte
Gut gemacht!	Gar nicht so schlecht, übe aber nochmals und lies dir die Merkkästen auf den Seiten 44 bis 47 noch einmal genau durch.	Bearbeite die Seiten 44 bis 47 noch einmal sorgfältig.

Satzglieder

Wissen und Können **Satzglieder – Die Bausteine des Satzes**

Ein Satz besteht aus mehreren Satzgliedern. Ein Satzglied kann aus einem oder mehreren Wörtern bestehen. Alle Wörter in einem Satz, die man gemeinsam umstellen kann **(Umstellprobe),** bilden ein Satzglied.

Sandra | verbringt | dieses Jahr | die Ferien | an der Nordsee.

An der Nordsee | verbringt | Sandra | dieses Jahr | die Ferien.

1 **a** **Aysun hat von Sandra eine E-Mail erhalten. Trenne die Satzglieder durch Striche voneinander.** *Morgen fahren wir mit einem Kutter zu den Seehunden.*

b **Bilde mit Hilfe der Umstellprobe aus diesen Satzgliedern zwei weitere sinnvolle Sätze und schreibe sie auf.**

______

______

______

______

2 **a** **Formuliere den Rest der Nachricht. Bilde aus den Satzgliedern drei sinnvolle Sätze.**

Wortspeicher

Seehundbabys • leckere Krabben • der Kapitän • vielleicht • mit einem Netz • hoffentlich • liegen • einen Fisch • fangen • wir • schenkt • uns • auf der Sandbank

A ______

______

B ______

C ______

Die Umstellprobe: Satzglieder erkennen, abwechslungsreich schreiben
Die Umstellprobe hilft dir nicht nur, Satzglieder zu erkennen. Sie hilft dir auch, deinen Satzbau abwechlungsreicher zu gestalten. Du kannst ein Satzglied, das du betonen möchtest, an den Anfang oder an den Schluss eines Satzes stellen.

b **Bilde zu jedem deiner Sätze mit Hilfe der Umstellprobe einen weiteren Satz und schreibe ihn auf.**

zu A ______

zu B ______

zu C ______

Das Prädikat

Wissen und Können | **Das Prädikat – Der Kern des Satzes**

Der **Kern des Satzes** ist das Prädikat. Prädikate werden durch Verben gebildet. Die **Personalform des Verbs** (das gebeugte Verb, ▶ S. 41) steht im Aussagesatz immer **an zweiter Satzgliedstelle.**

Sandra	**findet**	Quallen	eklig.
Quallen	**findet**	Sandra	eklig.
Eklig	**findet**	Sandra	Quallen.

1 **Unterstreiche im folgenden Text die Prädikate:**

Quallen

Vor Quallen empfinden die Badegäste meist Ekel. Warum eigentlich? Quallen bestehen doch fast ausschließlich aus Wasser. Sie sind so farbenprächtig. Quallenschwärme verwandeln die See in ein Blumenmeer! Ihre Schwimmbewegungen wirken würdevoll. Langsam wölben und strecken sie ihren Körper. Das gleicht dem Öffnen und Schließen eines Regenschirmes. Sie haben lange, schwere Fransen und Fangarme. Quallen fangen ihre Beute mit Nesselkapseln. Bei Berührung platzen diese. Eine giftige Harpune trifft dann das Beutetier. Die Begegnung mit einer „Gelben Haarqualle“ oder einer „Blauen Nesselqualle“ ist auch für Menschen schmerzhaft. Glücklicherweise gibt es

diese Quallen seltener als ihre völlig harmlosen Artgenossen. Am häufigsten ist die „Ohrenqualle“. Ihre vier rosa Fortpflanzungsorgane erinnern an Ohren.

Wissen und Können | **Einteilige und mehrteilige Prädikate**

Es gibt **einteilige Prädikate,** z. B.: *Familie Bäumer plant eine Wattwanderung.*
Und es gibt **mehrteilige Prädikate.**
Sie bestehen beispielsweise

- aus **mehreren Bestandteilen eines Verbs,** z. B.: *Im Watt kommt man schlecht voran.*
- aus **Personalform des Verbs** und **Partizip,** z. B.: *Familie Bäumer hat eine Wattwanderung unternommen.*
- aus **zwei Verben,** z. B.: *Peter lernt an der Nordsee segeln.*

Prädikatsklammer

Zwischen die Prädikatsteile können andere Satzglieder eingeschoben werden. So entsteht eine **Prädikatsklammer.**

2 **Führe bei den folgenden Sätzen die Umstellprobe (▶ S. 49) durch und schreibe jeweils einen neuen Satz auf. Unterstreiche anschließend das Prädikat in beiden Sätzen. Beachte, dass es zweiteilige Prädikate gibt! Zeichne bei diesen die Prädikatsklammer ein.**

Katharina findet am Strand etwas Seltsames.

Noch nie hat sie so etwas zuvor gesehen.

Sie zeigt das merkwürdige Ding ihrem Vater.

Ihr Vater kann das Rätsel lösen.

Katharina hat eine Qualle gefunden!

Sie schaut das Tier lange an.

3 **Manuel überfliegt in der „Inselzeitung" die Schlagzeilen.**

Sturm – Schiffsverkehr nach Helgoland eingestellt

Inselbad renoviert: Sonntag großes Fest

Morgen Burgenbauwettbewerb

18-Jähriger beim Surfen verletzt

„Café am Deich" sonntags geöffnet

Fahrt nach Baltrum: Fast ausgebucht

a **Bilde aus den sechs Schlagzeilen vollständige Sätze. Ergänze, wo nötig, Prädikate.**

b **Unterstreiche in deinen Sätzen die Prädikate. Zeichne Prädikatsklammern ein, wo du zweiteilige Prädikate gebildet hast.**

Wegen des Sturms wurde der Schiffsverkehr nach Helgoland eingestellt.

Das Subjekt

Wissen und Können **Das Subjekt**

Zu einem vollständigen Satz gehört außer dem Prädikat mindestens ein Subjekt.
Das Satzglied, das man mit „**Wer/Was** tut etwas?" erfragen kann, ist das Subjekt.
Der Leuchtturm warnt die Seefahrer. – Wer/Was warnt die Seefahrer? – Der Leuchtturm ... = Subjekt
Zwischen Subjekt und Prädikat besteht eine enge Beziehung. Die Form des Prädikats richtet sich nach dem Subjekt: *Ich schwimme. Du schwimmst. Die Matrosen ruderten. Der Kapitän wachte.*

1 a **Finde mit der Umstellprobe (▸ S. 49) die Satzglieder heraus und trenne sie durch senkrechte Striche.**
b **Markiere die Prädikate grün und unterstreiche die Subjekte orange.**

Der Klabautermann

Einst | fuhr | ein Steuermann | auf einem englischen Schiff. Der Segler ankerte im Hafen von Stockholm. Abends ging der Steuermann auf das Verdeck. Er wollte frische Luft genießen. Da sah er am Ende des Schiffes ein kleines rotes Männchen. Auch auf dem Schiff daneben entdeckte er ein Männchen. Der Steuermann erkannte die Klabautermännchen. Er betrachtete sie neugierig. Da begannen die beiden Männchen ein Gespräch. „Gehst du auch auf See?", fragte das Männchen vom Schiff gegenüber. Sein Klabautermännchen antwortete: „Ich bleibe hier. Im Kanal sinkt ..."

2 **„Im Kanal sinkt ..." – so beginnt die Begründung, warum das Klabautermännchen vom Schiff des Steuermanns nicht mitreisen will.**
a **Notiere, welches wichtige Satzglied in dem unvollständigen Satz fehlt.**

Fehlendes Satzglied: ______________________________

b **Mache einen Ergänzungsvorschlag. Vervollständige den Satz auf der Linie.**

„Im Kanal sinkt ______________________________."

3 **Setze die Verben in Klammern so im Präteritum (▸ S. 45) in die Lücken ein, dass sie zum Subjekt passen. Achte auf ein- und zweiteilige Prädikate (▸ S. 50).**

Da dachte (denken) der Steuermann: „Wenn es so steht, gehe ich auch nicht mit." Am anderen Morgen ______________ (erzählen) er dem Kapitän von seinem Erlebnis. Dieser aber und die ganze Mannschaft ______________ (lachen) ihn aus. Der Steuermann ______________ (bleiben) bei seinem Vorsatz. Er ______________ (nehmen) seinen Abschied von dem Schiff und ______________ (gehen) auf ein anderes. Am Ende seiner Reise ______________ (erhalten) er auch schon die Unglücksnachricht: „Dein früheres Schiff ______________ (untergehen) mit Mann und Maus im Kanal ______________."

Die Objekte

Wissen und Können **Objekte**

Die meisten Sätze brauchen außer Subjekt (▶ S. 52) und Prädikat (▶ S. 50) weitere Satzglieder, damit sie vollständig sind.

- Satzglieder, die man mit **„Wem ...?"** erfragen kann, sind **Dativobjekte:**
  Das Handy gehört ihrem Bruder. Wem gehört das Handy? ... ihrem Bruder.
- Satzglieder, die man mit **„Wen ...?"** oder **„Was ...?"** erfragen kann, sind **Akkusativobjekte:**
  Aysun ruft ihre Freundin an. Wen ruft Aysun an? ... ihre Freundin.

1 **Aysun ruft Sandra an. Sie hat Max, Sandras Meerschweinchen, in Pflege. Die Verbindung ist sehr schlecht.**
a **Notiere die Fragen, die Aysun stellt, und bestimme das Satzglied, das Aysun nicht versteht.**
●●● **b** **Schreibe Sandras Antworten in dein Heft und unterstreiche das Satzglied, das du ersetzt hast.**

So schallt es aus dem Handy:	Aysuns Fragen	Satzglied
„Hallo, hier ist knxknx!"	„Wer ist da?"	Subjekt
„In den letzten Tagen hatten wir knxknx."		
„Stell dir vor, ich habe hier knxknx getroffen!"		
„knxknx ist schon ganz braun!"		
„knxknx hat sich einen kräftigen Sonnenbrand geholt."		
„Geht es knxknx gut?"		
„Vergiss nicht, knxknx regelmäßig zu füttern!"		
„Gib knxknx auch frische Streu!"		
„Richte bitte knxknx viele Grüße von uns aus."		

2 **a Entscheide, ob das unterstrichene Satzglied ein Dativ- oder ein Akkusativobjekt ist. Kreuze die richtige Antwort an.**

	Dativobjekt	Akkusativobjekt
Aysun möchte das Meerschweinchen füttern.	☐	☐
Sie legt ihm frisch geschnittene Äpfel hin.	☐	☐
Doch sie sieht Max nicht. Ist er entwischt?	☐	☐
Aysun bekommt ein ungutes Gefühl.	☐	☐
Schließlich hebt sie das Häuschen hoch. Da sitzt er!	☐	☐

●●● **b In einem der Sätze steckt ein weiteres Objekt. Unterstreiche es grün und kreuze mit einem grünen Stift an, ob es sich um ein Dativobjekt oder um ein Akkusativobjekt handelt.**

3 **Zu Hause erlebt Sandras Meerschweinchen schreckliche Abenteuer. Wähle jeweils ein passendes Satzglied aus dem Wortspeicher aus und ergänze die Sätze. Benenne anschließend das Satzglied in der Klammer dahinter. Achte auf eine abwechslungsreiche Wortwahl.**

Wortspeicher

Max • Karotten • das arme Tier • das Meerschweinchen • ~~Aysun~~ • ihm • es • Sandras Freundin

Aysun (*Subjekt*) überlegt, warum Max so müde ist. ______________________________

(______________________) musste am Vormittag lange mit Aysuns Schwester herumtoben. Diese hatte ________________ (______________________) nämlich ein Labyrinth gebaut. Zwischen Büchern und Legosteinen musste ______________________ (______________________) den Weg hinausfinden. Zur Belohnung bekam Max ______________________ (______________________). Danach sollte ______________________ (______________________) den lebendigen Hund im Puppenhaus spielen. ______________________ (______________________) wundert sich nicht, dass ______________________ (______________________) immer noch so müde ist.

Lokal- und Temporaladverbialien – Orts- und Zeitangaben

Wissen und Können | **Lokal- und Temporaladverbialien**

Adverbialien (Umstandsbestimmungen) beschreiben den Umstand eines Geschehens näher, z. B. den Ort oder die Zeit. Das Adverbiale ist ein **Satzglied** und kann, wie andere Satzglieder auch, aus einem oder mehreren Wörtern bestehen.
Lokaladverbialien (Umstandsbestimmungen des Ortes) informieren über den **Ort eines Geschehens.** Man erfragt sie z. B. mit den Fragen **„Wo …?", „Woher …?", „Wohin …?":**
Paul verbringt die Ferien am Strand. Wo verbringt Paul die Ferien? … am Strand.
Sein Freund Jakob fährt in die Berge. Wohin fährt sein Freund Jakob? … in die Berge.
Temporaladverbialien (Umstandsbestimmungen der Zeit) geben Auskunft über den Zeitpunkt oder die Dauer eines Geschehens. Man erfragt sie z. B. mit den Fragen **„Wann …?", „Wie lange …?", „Seit wann …?":**
Morgen kommen die Bauers nach Hause. Wann kommen die Bauers nach Hause? Morgen …
Die Fahrt dauert sieben Stunden. Wie lange dauert die Fahrt? … sieben Stunden.

1 **Handelt es sich bei den unterstrichenen Satzgliedern um ein Lokal- oder ein Temporaladverbiale?**
a **Finde das richtige Fragewort und trage es ein. Kreuze anschließend die richtige Antwort an.**

	Fragewort	Lokaladverbiale	Temporaladverbiale
Am Montag waren sie stundenlang im Auto unterwegs.	____________	☐	☐
Nach drei Stunden kamen sie an die österreichische Grenze.	____________	☐	☐
Dort regnete es in Strömen.	____________	☐	☐
Hoffentlich ist das Wetter am Ferienort schöner!	____________	☐	☐
Seit Wochen freuen sich alle auf Sonne, Strand und Meer.	____________	☐	☐

●●● **b** **In zwei Sätzen verstecken sich weitere Adverbialien. Unterstreiche sie blau und bestimme sie durch ein blaues Kreuzchen.**

2 **Paul schreibt aus dem Urlaub eine E-Mail an seinen Freund Tim. Unterstreiche alle Lokaladverbialien blau und alle Temporaladverbialien grün.**

Hallo Tim!

Hier im Süden ist es echt aufregend! Nach sieben Stunden waren wir an unserem Urlaubsort angekommen. Unsere Ferienwohnung fanden wir nach langer Suche. Aber es gab ein Problem: Meine Eltern hatten sich im Datum geirrt. Wir waren einen Tag zu früh in Italien! Meine Schwester und ich fanden das cool. Wir liefen sofort an den Strand. Leider war es für unsere Eltern kompliziert. Alle Hotels in der Umgebung waren seit Wochen ausgebucht. Im Tourismusbüro wurde meinem Vater am Ende geholfen. Eine alte Dame ließ uns in ihrem Haus übernachten. (…)

3 a **Ergänze folgende Sätze sinnvoll um je ein Lokaladverbiale:**

Paul und seine Schwester schwimmen.

Das Eis schmeckt wunderbar.

Leider müssen wir wieder fahren.

b **Ergänze folgende Sätze sinnvoll um je ein Temporaladverbiale:**

Pauls Bruder baute eine Sandburg.

Wir essen Pizza.

Paul spielt mit seinem Vater Karten.

●●● c **Wähle aus deinen Lösungen zu Aufgabe 3 a einen Satz aus und ergänze diesen zusätzlich um ein Temporaladverbiale. Ergänze anschließend einen Satz aus deinen Lösungen zu Aufgabe 3 b um ein Lokaladverbiale.**

4 **Baue Sätze zum Thema „Urlaub am Meer" nach den vorgegebenen Satzbauplänen. Verändere die Reihenfolge der Satzglieder nicht und füge keine weiteren Satzglieder hinzu. Verwende die angegebenen Verben als Prädikat.**

A | Subjekt | Prädikat *fotografieren* | Temporaladverbiale | Lokaladverbiale | Akkusativobjekt | .

Paul fotografierte am ersten Urlaubstag im Hafen einen Dampfer.

B | Subjekt | Prädikat *liegen* | Lokaladverbiale | .

C | Temporaladverbiale | Prädikat *schreiben* | Subjekt | Dativobjekt | Akkusativobjekt | .

D | Temporaladverbiale | Prädikat *fahren* | Subjekt | Lokaladverbiale | .

Satzarten

Wissen und Können | **Satzarten**

Es gibt drei Satzarten: **Aussagesatz, Fragesatz** und **Aufforderungssatz.** In der gesprochenen Sprache erkennst du die Satzart oft an der Stimmführung, in der geschriebenen Sprache erkennst du sie an den Satzschlusszeichen:

- In einem **Aussagesatz** wird etwas mitgeteilt oder festgestellt: *Bald beginnen die Sommerferien.* An seinem Ende steht ein **Punkt.** Wenn man ihn spricht, senkt sich die Stimme.
- In einem **Fragesatz** wird nach etwas gefragt: *Fahrt ihr wieder in die Berge?* An seinem Ende steht ein **Fragezeichen,** die Stimme hebt sich.
- Nach einem **Ausrufe- oder Aufforderungssatz,** der mit besonderem Nachdruck geäußert wird, steht meist ein **Ausrufezeichen.** Mit einem **Aufforderungssatz** wird ein Wunsch, eine Bitte oder eine Anweisung ausgedrückt: *Pack bitte deine Regenjacke ein!* In einem Ausrufesatz wird etwas besonders gefühlsbetont und kurz geäußert: *Das ist prima!*

1 **a** **Familie Körner will in Urlaub fahren. Setze die richtigen Satzschlusszeichen.**

b **Forme die Aussage- und Aufforderungssätze in Fragesätze um und die Fragesätze in Aufforderungssätze. Arbeite im Heft.** *Hast du an die Zahnpasta gedacht? → Denk an die Zahnpasta!*

Morgen soll es sehr heiß werden	Bringe den Wohnungsschlüssel zu Frau Siekmann
Steck die Ausweise in deine Handtasche	Gießt du noch einmal die Blumen
Putzt du noch deine Bergstiefel	Die Autoschlüssel habe ich dir gegeben
Die Wasserflaschen pack auch ein	Nimmst du die Wanderstöcke mit

2 **Endlich sind die Körners auf der Autobahn. Vervollständige ihr Gespräch. Fülle die Lücken und formuliere Sätze, die zu den Satzzeichen passen.**

Frau Körner: Schaut mal dort hinten! Ein Reiterhof!

Sophie: ______________________? Ich kann ihn nicht sehen.

Max: ______________________ die Augen auf! Ach, jetzt sind wir schon daran vorbei!

Sophie: Die Musik im Radio ist schrecklich. ______________________!

Herr Körner: ______________________? Gefällt euch das?

Max: ______________________? Ich habe Hunger.

Frau Körner: An der nächsten Raststätte machen wir eine Pause.

Klaus, ______________________, wie weit es noch ist!

Die Satzreihe

Wissen und Können **Die Satzreihe (Hauptsatz + Hauptsatz)**

Ein **Hauptsatz** ist ein selbstständiger Satz. Er besteht mindestens aus Subjekt und Prädikat, z. B. *Julia reitet.* Die Personalform des Verbs (das gebeugte Verb) steht im Hauptsatz in der Regel an zweiter Satzgliedstelle, z. B.: *Johanna begleitet sie.*

Ein Satz, der aus **zwei oder mehr Hauptsätzen** besteht, wird **Satzreihe** genannt. Die einzelnen Sätze einer Satzreihe werden durch Komma abgetrennt.

—— Hauptsatz (Hs1) —— , —— Hauptsatz (Hs2) ——
Julia fährt mit dem Fahrrad zur Reithalle , *Johanna nimmt den Bus.*

Komma — Personalform des Verbs an zweiter Satzgliedstelle

Häufig werden die Hauptsätze in einer Satzreihe durch die **nebenordnenden Konjunktionen** (Bindewörter) *und, oder, aber, denn, doch* verbunden. Vor diesen Konjunktionen steht ein Komma:

Julia fährt gern mit dem Fahrrad, denn sie liebt die frische Luft.
—— Hs1 ——, Konjunktion —— Hs2 ——

Nur vor den Konjunktionen *und* und *oder* darf das Komma wegfallen:
Johanna mistet den Stall aus(,) und Julia striegelt den Rappen.

1 **Verbinde je zwei Hauptsätze zu einer Satzreihe. Verwende jede Konjunktion aus dem Wortspeicher einmal. Achte auf die Kommasetzung. Schreibe in dein Heft.**

Wortspeicher
denn • aber • oder • und

Julia füttert die Fohlen. Johanna hilft ihr dabei.

Danach können sie beim Dressurreiten zuschauen. Sie können auf den kräftigen Norwegern ausreiten.

Julia möchte in den Wald reiten. Ihre vorsichtige Freundin findet diese Idee nicht gut.

Sie einigen sich auf einen Ritt über die Felder. Dort sind viele Menschen zu sehen.

2 **Setze im folgenden Text die notwendigen Kommas und unterstreiche die Konjunktionen mit einem blauen Stift. Unterstreiche danach die Personalformen des Verbs grün.**

Julia und Johanna sind beste Freundinnen. Sie gehen in eine Klasse und ihre Familien machen in diesem Jahr gemeinsam Urlaub in Österreich. Dort reiten die Mädchen jeden Tag denn sie verbringen die Ferien auf einem Bauernhof. Gestern gerieten sie während eines Ausritts in ein bedrohliches Gewitter doch den beiden passierte nichts. Sie wurden nicht einmal nass denn sie konnten sich in einer kleinen Hütte unterstellen. Das Abenteuer gefiel ihnen aber nächstes Mal hören sie lieber auf den Wetterbericht.

Das Satzgefüge

Wissen und Können | **Das Satzgefüge (Hauptsatz + Nebensatz)**

Einen Satz, der aus mindestens einem **Hauptsatz** und mindestens einem **Nebensatz** besteht, nennt man **Satzgefüge**. Zwischen Hauptsatz und Nebensatz muss ein Komma stehen, z. B.: *Wir machten gestern einen Ausflug, weil meine Eltern Urlaub hatten.* Beachte:

- Ein Nebensatz kann **nicht ohne einen Hauptsatz** stehen.
- Der Nebensatz ist dem Hauptsatz **untergeordnet.** Er wird eingeleitet durch
  - eine **unterordnende Konjunktion** (Bindewort), z. B.: *weil, da, obwohl, damit, dass, nachdem, während,*
  - oder durch ein **Relativpronomen** (rückbezügliches Fürwort), z. B.: *der, die, das.*
- Die **Personalform des Verbs** (das gebeugte Verb) steht im Nebensatz immer **an letzter Satzgliedstelle.**

Wir starteten erst um zehn Uhr , *da wir alle ausschlafen wollten.*
Wir nahmen Mamas Auto , *das sechs bequeme Sitzplätze bietet.*
Komma Konjunktion/Relativpronomen Personalform des Verbs am Satzende

——— Hs (Hauptsatz) ——— , ——— Ns (Nebensatz) ———.

Beachte, dass Nebensätze nicht nur am Ende eines Satzes stehen können (▶ S. 85).
Mit Satzgefügen kann man Zusammenhänge verdeutlichen und Texte abwechslungsreich gestalten.

1 **a** **Lisa und Jan machten mit ihren Eltern einen Ausflug in den Zoo. Verbinde die Hauptsätze sinnvoll mit den Nebensätzen und schreibe sie in dein Heft.**
b **Unterstreiche die Hauptsätze blau und die Nebensätze grün. Umkreise die Konjunktionen in grüner Farbe.**

Wir frühstückten viel, ...	... sodass wir nicht lange anstehen mussten.
... damit wir nicht unterwegs Hunger bekämen.	Im Auto hörten wir ein Hörbuch, ...
Die Warteschlange vor dem Zoo war kurz, ...	... obwohl wir uns sonst nie einig werden.
... während unser Vater durch die Stadt steuerte.	Gestern wollten alle zuerst zu den Affen, ...

2 **Satzreihe (SR) oder Satzgefüge (SG)? Umkreise die Konjunktion oder das Relativpronomen. Unterstreiche die Personalformen des Verbs. Schreibe den Satzbauplan unter den Satz.**

Die jungen Affen tobten herum und eine Affenmutter entlauste ihr Baby.

——— Hs 1 ——— + ——— ? ——— = ?

Danach schlenderten wir zum Löwengehege, das nebenan war.

___

Die Raubkatzen liefen aufgeregt herum, denn es war Fütterungszeit.

___

Als der Wärter Fleischstücke in das Gehege warf, sprinteten die Löwen los.

___

Beachte: Ein **Nebensatz** kann im Satzgefüge eine **Satzgliedstelle** einnehmen!

Nebensätze: „das“ oder „dass“?

Wissen und Können | **Nebensätze mit „das“ und Nebensätze mit „dass“ unterscheiden**

Das **Relativpronomen „das“** (vgl. S. 40, 59) und die unterordnende **Konjunktion „dass“** werden manchmal verwechselt. Will man die richtige Schreibweise ermitteln, hilft eine **Ersatzprobe:**
Das **Relativpronomen „das“** kann **durch „welches“ ersetzt** werden:
Ich lese das Buch, das Johanna mir geliehen hat.
Ersatzprobe: *Ich lese das Buch, welches Johanna mir geliehen hat.*
Die **Konjunktion „dass“** kann **nicht ersetzt** werden:
Ich glaube, dass ich diese Geschichte schon kenne.
Ersatzprobe: Eine Ersetzung durch „welches“ ist nicht möglich.

1 **Martin erzählt von einem besonderen Klassenausflug. Entscheide, ob seine Nebensätze mit „das“ oder mit „dass“ beginnen: Schieße in jedes Tor den richtigen Ball. Beginne links unten.**

2 **Setze in dem folgenden Text das und dass richtig ein. Achtung: Manchmal wird das hier als bestimmter Artikel gebraucht! Markiere das als Artikel mit (A), das als Relativpronomen mit (R).**

Endlich waren wir auf unseren Plätzen und konnten ______________ Geschehen um uns herum beobachten. Ein Kind mit einer roten Jacke, ______________ drei Reihen vor mir saß, machte mit seinem Kaugummi grüne Blasen. Mein Freund, der neben mir zappelte, lehnte sich so weit nach vorne, ______________ er vom Sitz fiel. Alle Schüler um ihn herum mussten lachen. Wir konnten kaum erwarten, ______________ es losging. Endlich kamen die Mannschaften aufs Spielfeld, ______________ von mindestens hundert Scheinwerfern beleuchtet war. Es wurde ______________ spannendste Spiel, ______________ ich je gesehen habe, und der schönste Klassenausflug aller Zeiten!

Teste dich!

Satzglieder und Satzarten

1 **Wie viele Satzglieder enthalten die folgenden Sätze? Trenne die einzelnen Satzglieder durch senkrechte Striche ab und kreuze die richtige Antwort an. (2 P.)**

Im Urlaub wandert Sandra am Strand.

☐ 2 ☐ 3 ☐ 4 ☐ 5 ☐ 6 Satzglieder

Heute finden sie und ihre Schwester viele verschiedene Muscheln im gelben Sand.

☐ 2 ☐ 3 ☐ 4 ☐ 5 ☐ 6 Satzglieder

2 **Trenne die einzelnen Satzglieder durch senkrechte Striche ab und finde die jeweils richtige Aussage zu den Beispielsätzen. Kennzeichne die Prädikatsklammer. (2 P.)**

Mittags essen sie ihre Lunchpakete.

Das zweite Satzglied ist

☐ das Prädikat ☐ das Subjekt ☐ das Dativobjekt ☐ das Akkusativobjekt

Die Mutter hat ihnen Salamisemmeln gemacht.

Das dritte Satzglied ist

☐ das Prädikat ☐ das Subjekt ☐ das Dativobjekt ☐ das Akkusativobjekt

3 **In den folgenden Sätzen fehlt das Subjekt. Ergänze es an geeigneter Stelle. (2 P.)**

Nachmittags findet einen Seestern.

Sofort zeigt ihn ihrem Vater.

4 **Trenne die einzelnen Satzglieder durch senkrechte Striche ab und bestimme sie auf der Linie darunter. (9 P.)**

Etwas später sieht sie ein Funkeln zwischen den Sandkörnern.

Sie entdeckt eine kleine, verbeulte Metalldose im Sand.

5 **Eine Aufgabe für Tüftler: Kreuze jeweils die richtige Antwort an. (2 P.)**

Die Eltern bewundern den schimmernden Fund.

Der Satz enthält **kein** ☐ Prädikat ☐ Subjekt ☐ Dativobjekt ☐ Akkusativobjekt

In der Dose schwappen Meerwasser und Sand.

Der Satz enthält **kein** ☐ Prädikat ☐ Subjekt ☐ Temporaladverbiale

6 **Setze die fehlenden Satzzeichen. (2 P.)**

Macht Sandra Urlaub an der Nordsee
Sandra macht Urlaub an der Nordsee

7 **Handelt es sich bei den folgenden Sätzen um eine Satzreihe oder um ein Satzgefüge? Zeichne jeweils den Satzbauplan unter den Satz und kreuze die richtige Antwort an. (2 P.)**

Viele Menschen fahren gerne in die Alpen, aber ich fahre lieber ans Meer.

____

☐ Satzreihe ☐ Satzgefüge

Meine Freundin Maria fährt jedes Jahr nach Frankreich, damit sie die Sprache lernt.

____

☐ Satzreihe ☐ Satzgefüge

8 **Ordne den Sätzen den richtigen Satzbauplan zu. (2 P.)**

Weil sie jeden Sommer in Frankreich verbringt, kann Maria gut Französisch.

☐ Ns + Hs ☐ Hs + Ns ☐ Hs + Hs

Simon reist nächstes Jahr nach London, dort wird er den Tower besuchen.

☐ Ns + Hs ☐ Hs + Ns ☐ Hs + Hs

9 **Was ist richtig: das oder dass? Fülle die Lücken. (3 P.)**

Heinrich hat beschlossen, __________ er in den Weihnachtsferien nach Australien fliegen wird. Dort ist es zu dieser Zeit Sommer. Das Frieren und Zittern im Winter, __________ bei uns zu dieser Jahreszeit normal ist, kann er nicht leiden. Außerdem freut er sich darauf, __________ er endlich Kängurus in freier Natur sehen kann.

Werte deine Ergebnisse aus, indem du deine Antworten mit dem Lösungsheft abgleichst. Für jede richtige Antwort bekommst du einen Punkt.

☺ **26–20 Punkte**

Gut gemacht!

☺ **19–13 Punkte**

Gar nicht schlecht, aber wiederhole noch einmal in den Bereichen, in denen du unsicher bist, die Merkkästen und Übungen auf den Seiten 49 bis 60.

☹ **12–0 Punkte**

Arbeite die Seiten 49 bis 60 noch einmal sorgfältig durch.

Tipps und Techniken zur Rechtschreibung

Das Wörterbuch – Dein starker Helfer

Wissen und Können | **Im Wörterbuch nachschlagen**

Wenn du unsicher bist, wie etwas geschrieben wird, musst du im **Rechtschreibwörterbuch** nachschlagen.

- Im Wörterbuch findest du die Wörter **in alphabetischer Reihenfolge.** Wörter mit gleichen Anfangsbuchstaben werden nach dem zweiten Buchstaben geordnet. Ist auch der gleich, dann ordnet man nach dem dritten und so fort, z. B.: *Kiefer, Kieme, Kiesel.*
- Im Rechtschreibwörterbuch erfährst du auch, wie ein Wort **getrennt** wird, wie schwierige Wörter **ausgesprochen** werden, wie man **Fremdwörter** schreibt und ausspricht (z. B. **Anglizismen** = Fremdwörter aus dem Englischen), welcher **Artikel** zu einem Nomen gehört, welche Endung der **Genitiv** (▶ S. 32) hat und wie der **Plural** lautet.
- Beachte: Verben sind im Wörterbuch in der Regel im Infinitiv (Grundform) verzeichnet: *du singst → singen.* Bei zusammengesetzten Nomen musst du oft mehrmals nachschlagen, z. B.: *Himbeereis → Himbeere + Eis.*

1 a **Die folgenden Wörter sind in einer Geheimschrift verschlüsselt. Um die ersten beiden Wörter lesen zu können, musst du im Alphabet immer drei Buchstaben weitergehen. Beginne nach Z wieder mit A.**

A PZEIXKDB: ______________ B ZLJMRQBO: ______________

b **Um diese beiden Wörter lesen zu können, musst du im Alphabet immer drei Buchstaben zurückgehen.**

C WHHWDVVH: ______________ D NOHEHU: ______________

2 **Ordne die folgenden Wörter in alphabetisch richtiger Reihenfolge; schreibe die Nummern entsprechend auf. Markiere zwei Anglizismen (▶ Merkkasten, Punkt 2).**

______________ ______________

1 Beamer • 2 Brille • 3 Begabung • 4 Beifall
5 Rohr • 6 Recycling • 7 Roboter • 8 Radio

3 **In dem folgenden Auszug aus einem Wörterbuch sind einige Stellen markiert. Schreibe auf, welche Informationen die unterlegten Flächen geben.**

Ka|ra|mel|le, die; -, -n, *meist Plur.* (Bonbon mit Zusatz aus Milch[produkten])
ka|ra|mel|li|sie|ren (Zucker[lösungen] trocken erhitzen; Karamell zusetzen); **Ka|ra|mell|pud|ding**
Ka|ra|o|ke, das; -[s] <jap.> (Veranstaltung, bei der Laien zur Instrumentalmusik eines Schlagers den Text singen)
Ka|ra|see, die; - <nach dem Fluss Kara> (Teil des Nordpolarmeeres)
Ka|rat, das; -[e]s, -e <griech.> (Gewichtseinheit von Edelsteinen; Maß der Feinheit einer Goldlegierung); 24 Karat
Ka|ra|te, das; -[s] <jap.> (eine sportliche Methode der waffenlosen Selbstverteidigung); **Ka|ra|te|ka,** der; -[s], -[s] *u.* die; -, -[s] (jmd., der Karate betreibt); **Ka|ra|te|kämp|fer; Ka|ra|te|kämp|fe|rin**

1 ______________
____
2 ______________
3 ______________
4 ______________
5 ______________
6 ______________
7 ______________
8 ______________

Die Silbentrennung

Wissen und Können | **Wörter richtig trennen**

Einsilbige Wörter kann man nicht trennen: *Kind, Tier, rennt, neu.*
Mehrsilbige Wörter trennt man in der Regel nach **Sprechsilben,** die man bei langsamem, betontem Sprechen hören kann, z. B.: *Ap-fel, Lap-pen, Fuß-ball-welt-meis-ter-schaft, ren-nen, mu-tig, schnells-te.*
In die neue Zeile kommt in der Regel **nur ein Konsonant,** z. B.: *durs-tig, glit-zern, Rät-sel.*
Es gibt jedoch Ausnahmen:

- **Einzelne Buchstaben** werden nicht abgetrennt, z. B.: *Igel* (nicht ~~*I-gel*~~), *oben* (nicht ~~*o-ben*~~).
- **ch, ck** und **sch** bleiben immer zusammen, z. B.: *la-chen, pflü-cken, klat-schen.*
- Zusammengesetzte Wörter und Wörter mit Vorsilbe trennt man zwischen den **Wortbausteinen,** z. B.: *Lösch-blatt, Sport-platz, Um-stand, Ver-schluss.*

1 **Lies die Wörter im Wortspeicher, nach Sprechsilben gegliedert, deutlich betont vor. Schreibe sie dann nach Silben getrennt auf. Ergänze bei den Nomen (▸ S. 31/32) den bestimmten Artikel. Achtung: Es sind auch Wörter dabei, die man nicht trennen kann!**

die Ju-gend-her-ber-ge, ____________________

____

____

____

____

____

Wortspeicher

~~Jugendherberge~~ • Kindergärtnerin • Ameise • Buch • Alter • Nagel • wundern • putzen • Ferne • schreiben • Pusteblume • Ei • Arbeitsblatt • Reizhusten • Ufer • Fernsehzuschauer • Fenster • Schiene • Sonnenschein • Wespe • Mond • Uhu • behaupten

2 **Trage die folgenden Wörter mit Silbentrennstrich in die richtigen Spalten der Tabelle ein:**

ch	ck	sch
	dre-ckig	

Wortspeicher

~~dreckig~~ • Köchin • Flaschen • stechen • Sack • riechen • stecken • zwischen • rücken • Fälschung • Decke • Kirsche • lachen • kriechen • ausdrucken • Mischung • Lackschuh • Tuch

Wortfamilien und Wortbausteine

Wissen und Können — **Wortfamilien bilden, Wortbausteine erkennen**

Der **Wortstamm** ist der Grundbaustein eines Wortes, z. B.: *wohn* in *wohnen, der Einwohner, wohnhaft*.
Wörter mit dem gleichen Wortstamm gehören zu einer **Wortfamilie.**
Durch **Vorsilben** (**Präfixe,** z. B.: *an-, be-, ein-*) und **Endungen** (**Suffixe,** z. B.: *-en, -er, -in, -lich, -haft*) können verwandte Wörter gebildet werden (z. B.: *bewohnen, die Anwohnerin, wohnhaft*).
Wer die Wortbausteine kennt, kann viele **Rechtschreibfehler vermeiden,** z. B.: *das Versprechen* (Präfix *ver-*) – *die Ferien, vorsingen* (Präfix *vor-*) – *der Forscher.* Bei manchen Wörtern verändert sich der Vokal im Wortstamm, z. B.: *packen, verpacken, das Päckchen.* Übungen dazu findest du auf ▶ Seite 66.

1 **a** **Bilde möglichst viele Wörter mit dem Wortstamm *halt*. Der Wortspeicher hilft dir dabei. Achte auf die korrekte Groß- und Kleinschreibung. Ergänze bei den Nomen den bestimmten Artikel.**
b **Unterstreiche Nomen grün, Verben blau und Adjektive orange.**

Wortspeicher
Vorsilben (Präfixe): *an-* • *auf-* • *be-* • *ein-* • *ent-* • *er-* • *ver-* • *vor-* • *zu-*
Endungen (Suffixe): *-bar* • *-en* • *-er* • *-in* • *-keit* • *-ung*

der Halt ____________________ *anhalten* ____________________

Wissen und Können — **Zusammengesetzte Wörter bilden**

Wörter können auch **aus zwei oder mehr Wörtern zusammengesetzt werden,** z. B.: *der Fußball (Fuß + Ball).*
Das **Grundwort** steht am Ende. Es sagt, worum es geht *(einen Ball)* und bestimmt die Wortart und den Artikel.
Das **Bestimmungswort** am Anfang erklärt die Bedeutung genauer, z. B.: *der Handball, der Wasserball.*

2 **Notiere zusammengesetzte Nomen mit dem Grundwort *-fall*. Schreibe darunter zusammengesetzte Nomen mit dem Bestimmungswort *Fall-*. Ergänze überall den bestimmten Artikel.**

der Wasserfall, ____________________

das Fallobst, ____________________

Die wichtigsten Rechtschreibproben: Ableiten und Verlängern

Wissen und Können — **Verwandte Wörter suchen: Die Ableitungsprobe**

Um herauszufinden, wie ein Wort geschrieben wird, kannst du ein **verwandtes Wort aus der Wortfamilie** suchen. Das nennt man auch „ein Wort ableiten“.
Bist du z. B. nicht sicher, ob ein Wort mit **ä** oder **e** geschrieben wird, suche ein verwandtes Wort mit **a.**
Findest du eines, schreibe mit **ä:** *H ? nde → Hand → Hände.*
Dasselbe gilt für **äu** oder **eu:** *r ?? men → Raum → räumen.*
Achtung: Wenn du kein verwandtes Wort mit **a** oder **au** findest, bedeutet dies nicht automatisch, dass du **e** und **eu** schreiben kannst! Bei manchen Wörtern gibt es keine Ableitungsmöglichkeit (z. B. *Dämmerung, Mähne*). Schaue im Wörterbuch nach.

1 a **Schreibe zu den folgenden Wörtern verwandte Wörter auf.**
b **Umkreise die Vokale, von denen abgeleitet wurde.**
c **Schreibe jedes Wort richtig in die rechte Spalte der Tabelle.**

ä oder e, äu oder eu?	Verwandte Wörter	Richtige Schreibung
die D ? cher	das Dach, die Dachpappe, die Dachluke	
? ngstlich		
der H ?? ptling		
sich sch ? men		
die Kr ? fte		
sich n ? hern		
die Br ?? te		
das H ?? schen		

2 **Suche das passende Wort aus dem Zettelkorb, trage es vollständig in das Rätsel ein und schreibe jeweils ein verwandtes Wort auf, von dem du die richtige Schreibweise ableiten kannst. Ergänze bei Nomen den Artikel.**

Das Kind der Kuh: das Kälbchen, das Kalb

So oft feiert man Silvester: ____________________

Farbe des Meeres: ____________________

Aufbewahrungsort für Schmuck: ____________________

Das ist ein schwieriges …: ____________________

Der Wal ist ein …: ____________________

Kleine Nagetiere: ____________________

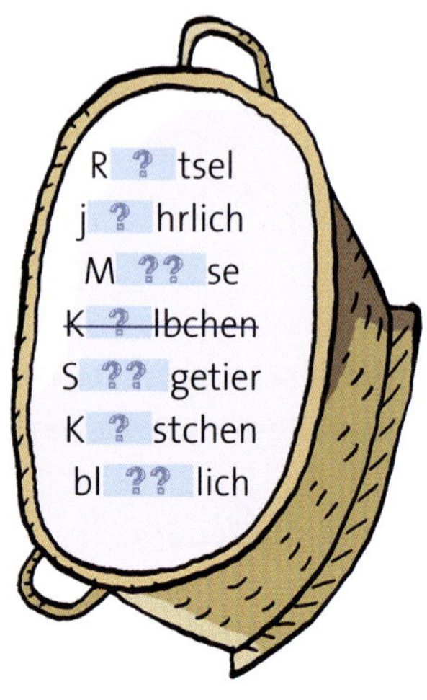

Wissen und Können **b/p, d/t, g/k unterscheiden: Die Verlängerungsprobe**

Beim Sprechen klingen am Wortende **b** und **p** fast gleich: *lie* ? . Ebenso ist es mit **d** und **t** (*Hel* ?) und mit **g** und **k** (*lusti* ?).
Wenn du die Wörter um eine Endung verlängerst und deutlich aussprichst, hörst du, welchen Buchstaben du schreiben musst. Bilde z. B. bei **Nomen** den **Plural** *(Helden → Held)*, bei **Adjektiven** die **Steigerungsform** *(lieber → lieb)* oder **beuge sie** mit einem Nomen *(die lustige Geschichte)*. Bei Verben kannst du eine **andere Verbform** bilden, z. B. den Infinitiv *(sie lo ? t → loben → sie lobt)*.

3 **Die gesuchten Wörter enden auf b oder p, d oder t, g oder k. Bilde die Verlängerung, bevor du die Lösung einträgst.**

Schlangen töten mit			G	I	F	T	Gifte
sehr kräftig							
Gangart des Pferdes							
Gegenteil von warm							
sehr junger Mensch							
Die Sonne spendet							
Gegenteil von gefälscht							
angenehmer Geruch							

Lösungswort: ein Licht, das im Märchen über das Moor geistert: ______

4 **Trage die gesuchten Wörter ein. Wende die Verlängerungsprobe an, um die richtige Endung zu finden.**

 ______
 B______
 M______

 ______
 A______
 ______

 ______
 ______
 ______

 H______
 ______
 ______

5 **Schließe die Lücken im Text, indem du b oder p, d oder t, g oder k einträgst.**

Das Mon__schaf

Das Lich__ der Sonne verlösch__ sanf__ über dem Fel__, der Aben__ zieht herauf. Es wird Nach__. Das Laub wie__t sich leise im Win__, hier und da knarr__ ein As__. Bald wird der helle Mon__ erscheinen. Leise rascheln__ schie__t sich etwas durch die Büsche am Waldessaum. Erkennst du es? Es ist das Mon__schaf, Freun__ aller Schlafenden. In deinen Traum hinein wird es hauchen: „Schlaf, mein Kin__."

Groß- und Kleinschreibung

Wissen und Können **Großschreibung**

Groß schreibt man **Satzanfänge, Nomen** und **Namen:**
Die kleine Fatuma aus Äthiopien würde furchtbar gerne in die Schule gehen. Ihr großer Bruder Mamo kann schon ziemlich gut lesen, rechnen und schreiben.
Auch die **Höflichkeitsanrede** wird großgeschrieben:
Fatuma bittet die Lehrerin: „Könnten Sie mir helfen, einen Platz in der Schule zu bekommen?"

1 **Für einen Artikel in einer Jugendzeitschrift tippt die Reporterin schnell ein paar Zeilen in ihren Laptop. Sie hat in der Eile die Großschreibung der Satzanfänge nicht berücksichtigt.**

a Umrande die Satzanfänge und korrigiere den ersten Buchstaben.

VORSICHT FEHLER!

Ohne Schule keine Chance

dicht gedrängt, doch aufmerksam verfolgen diese Jungen und Mädchen den Unterricht. ihre Schule liegt in der Provinz

Amhara in Äthiopien. die Schule ist so klein, dass die Kinder den Unterricht in zwei Schichten besuchen müssen.

b Schreibe die Fortsetzung des Artikels richtig in dein Heft. Achtung: Es fehlen die Satzschlusszeichen! Ergänze sie und achte auf die richtige Großschreibung am Satzanfang.

auch dann müssen viele auf dem Boden sitzen dennoch sind sie glücklich, zur Schule gehen zu dürfen nur 40 Prozent der äthiopischen Kinder haben so viel Glück es gibt zwar eine allgemeine Schulpflicht, aber zu wenige Schulen Äthiopien ist ein sehr armes Land und nur etwa ein Drittel der Erwachsenen kann lesen und schreiben die Kinder hoffen, dass Bildung ihnen hilft, dem Elend zu entkommen.

Satzanfänge überprüfen
Wenn du unsicher bist, wie du herausfinden kannst, wo ein Satz beginnt und wo er endet, schau dir die Seiten 57 bis 59 noch einmal genau an.

Wissen und Können **Nomen erkennen: Die Artikelprobe (1)**

Du kannst herausfinden, ob ein Wort ein Nomen ist, indem du die **Artikelprobe** anwendest. Wörter, vor die man einen Artikel setzen kann, sind Nomen: *Buch – das Buch, ein Buch.*

2 **a Suche aus dem Wortspeicher die Nomen heraus und schreibe sie mit dem passenden Artikel in dein Heft. Verwende jeweils den bestimmten und den unbestimmten Artikel:** *der Wecker, ein Wecker.*

●●● **b Bilde in deinem Heft mit den Wörtern Sätze. Vielleicht wird sogar eine Minigeschichte daraus? Du kannst die Reihenfolge der Wörter in der Geschichte verändern.**

Wortspeicher

SCHRECKLICH • KLINGELT • WECKER • MÜDE • RADIO • JEANS • ANZIEHEN • FREUEN • SCHULTASCHE • PACKEN • BAD • SAMSTAG • ÄRGERLICH

3 **Finde möglichst viele zusammengesetzte Wörter (▸ S. 65 unten), indem du den zweiten Teil des zusammengesetzten Nomens als erstes Wort der nächsten Wortzusammensetzung nimmst. Schreibe jeweils den Artikel darunter. Arbeite im Heft.**

Zoobesuch – Besuchstermin – Termin ...
der der

Nomen erkennen: Die Artikelprobe (2)
Manchmal steht zwischen Artikel und Nomen auch ein Adjektiv: *ein interessantes Buch.* Zuweilen fehlt der Artikel. Prüfe, ob man ihn ergänzen kann: *Die Schüler machen wichtige Erfahrungen – die Erfahrungen.*

4 a **Trenne die Nomen in der Wörterschlange durch Striche voneinander ab.**

b **Schreibe die Nomen in dein Heft und ergänze jeweils den bestimmten Artikel und ein Adjektiv.**

●●● c **Erfinde auch hierzu eine Geschichte, indem du weitere Wörter ergänzt und danach vollständige Sätze formulierst. Du kannst die Reihenfolge der Wörter gerne ändern.**

Wissen und Können **Nomen erkennen: Typische Wortendungen (Suffixe)**

Wörter, die auf **-heit, -keit, -nis, -schaft, -tum, -ung** enden, sind Nomen und werden großgeschrieben, z. B.: *Wahrheit, Ehrlichkeit, Ereignis, Kameradschaft, Brauchtum, Haltung.*

5 **Bilde aus den folgenden Wörtern durch Anhängen einer passenden Endung Nomen. Setze den Artikel davor.**

Wortspeicher

~~verwenden~~ • Mensch • König • träge • wagen • klug • bekannt • tarnen • tapfer • werben • ergeben • zeichnen • Freund • senden • Herzog • Feind • eitel • heiter • verliebt • Land • einsam • finster • krank • umgeben • erleben • dumm • bereit

-heit ____________________

____

-keit ____________________

-nis ____________________

-schaft ____________________

____

-tum ____________________

-ung die Verwendung, ____________________

____

6 **Im folgenden Gedicht „Der Igel" sind die Wortgrenzen verrutscht. Schreibe das Gedicht richtig in dein Heft und achte dabei auf die Groß- und Kleinschreibung.**

Gottlieb Konrad Pfeffel

Derig El

Derlöw Esaßa Ufsein emthron vonkno Chen

Un Dsannau fsklav Erei undtod.

Einig El Kami Hmin Denweg Gekro Chen.

„Ha! Wurm!", Sobrüll teder Despot[1]

Undhi elti hnzwisch Ensei nenk Lauen.

„Mitei Nemsch Luck verschli Ngich dich!"

Derig Elsprach: „Verschli Ngenka nns tdum Ich.

Allein, Dukann stmichn ichtver Dauen."

1 der Despot: Gewaltherrscher

Wissen und Können | **Die Höflichkeitsanrede**

Die Anredepronomen der höflichen Anrede – **Sie, Ihnen, Ihr, Ihre** – werden großgeschrieben. Man verwendet sie beispielsweise in Briefen oder E-Mails, z. B. *Es grüßt Sie ganz herzlich Ihre Sophie Mahler.*

7 **Setze in den Brief einer Schülerin an ihre frühere Lehrerin die Anredepronomen Sie, Ihnen, Ihrer ein. Achtung: An einigen Stellen müssen die Personalpronomen sie und ihnen stehen; die musst du kleinschreiben!**

Sehr geehrte Frau Niemöller,

es ist schon einige Zeit vergangen, seit ich in ______________ Klasse war. Ich besuche jetzt ja die Realschule und möchte ______________ erzählen, wie es mir hier geht.

Mit meinen Mitschülerinnen komme ich ganz gut zurecht. Einige von ______________ sind meine neuen Freundinnen geworden. Deutsch und Sport sind meine Lieblingsfächer, ________ haben mir schon bei ______________ Spaß gemacht. Stellen ________ sich vor, die Lehrer hier wiederholen vieles, was wir schon bei ______________ gelernt haben. Es ist etwas langweilig, aber ________ haben ja immer gesagt: „Was man richtig lernen will, muss man öfter wiederholen."

Gerade letzte Woche habe ich an __________ gedacht, denn ...

8 **Setze den Brief in deinem Heft fort und beende ihn. Achte dabei besonders auf die Schreibung der Pronomen.**

Teste dich!

Groß- und Kleinschreibung

1 Ergänze folgende Regeln. (17 P.)

A Satzanfänge werden ________________ geschrieben. B Wörter, vor die man einen ________________ setzen kann, sind ________________. Sie werden ________________ geschrieben. Manchmal steht zwischen Artikel und Nomen ein ________________. Man erkennt Nomen, wenn man die ________________ anwendet. C Eine Reihe von Nomen erkennt man an den typischen Endungen: __________, __________, __________, __________, __________, __________. D Die Pronomen der Höflichkeitsanrede __________, __________, __________, __________ werden ebenfalls ________________ geschrieben.

2 Im folgenden Text sind alle Wörter kleingeschrieben.
Verbessere

a die Satzanfänge mit Grün (15 P.),

b die Nomen mit Blau (wende vorher die Artikelprobe an und denke auch an die Überschrift) (30 P.),

c die Anredepronomen der Höflichkeitsanrede mit Schwarz (2 P.).

VORSICHT FEHLER!

enttäuschung bei der nationalmannschaft

ratlosigkeit in der nationalmannschaft! miserable leistung! das spiel endete mit einer enttäuschung. das ziel, die rückeroberung der tabellenführung, wurde verfehlt. die deutsche nationalmannschaft hatte arge schwierigkeiten. es fehlte die laufbereitschaft. kein spieler wollte ein wagnis eingehen. die sportreporter zeigten wenig verständnis und stellten der mannschaft ein schlechtes zeugnis aus. den fußballspielern sei wohl ihr heldentum zu kopf gestiegen. eitelkeiten gehörten nicht auf den platz. unter der mannschaft selbst hatte sich sprachlosigkeit breitgemacht. nur der torwart meinte zu einem sportreporter mit gespielter heiterkeit: „so eine enttäuschung haben sie sich sicher nicht vorgestellt. wir wollten ihnen mal zeigen, was wir alles nicht können. nach unserer erfahrung scheint aber auch für uns wieder mal die sonne!“

Vergleiche deine Ergebnisse mit dem Lösungsheft.

☺ 64–58 Punkte	☺ 57–50 Punkte	☹ 49–0 Punkte
Gut gemacht!	Gar nicht schlecht, aber lies dir die Merkkästen auf den Seiten 68 bis 70 noch einmal genau durch.	Arbeite die Seiten 68 bis 70 noch einmal sorgfältig durch.

Kurze und lange Vokale, s-Laute

Kurze Vokale

Wissen und Können Kurze Vokale

Nach betontem kurzem Vokal (Selbstlaut) folgen **fast immer zwei Konsonanten** (Mitlaute).
Du kannst sie in den meisten Fällen beim Hören gut unterscheiden, z. B.: *Hand, Herz, Kopf, Mund, tanzen, ringen.* Hörst du nur einen Konsonanten, wird er beim Schreiben meist verdoppelt, z. B.: *sammeln, brennen, Pappe, Schlüssel.* Ausnahme: Statt verdoppeltem **k** schreibt man **ck** und statt verdoppeltem **z** schreibt man **tz,** z. B.: *packen, stecken, petzen.*

1 a **Der folgende Artikel aus einer Jugendzeitschrift enthält viele Wörter mit betontem kurzem Vokal. Unterstreiche Wörter mit zwei verschiedenen Konsonanten nach kurzem Vokal mit grünem Stift, Wörter mit verdoppeltem Konsonanten mit blauem Stift.**

Straßenkinder in der Backstube

Der Duft von gebackenem Brot weht auf die Straße, als sich die Schultür öffnet. Mit vollen Bastkiepen auf dem Rücken ziehen Francisco und seine Freunde zum großen Platz der alten Inkastadt Cuzco. Jeden Abend verkaufen die Kinder dort Kuchen und Brot aus ihrer Bäckerei. Francisco strahlt. Noch vor Kurzem hauste der Neunjährige auf der Straße – ohne Eltern, ohne regelmäßiges Essen. Dann aber hörte er vom Projekt „Huch'uy Runa“, was so viel heißt wie „kleine Menschen, die vorankommen“. In der Ganztagsschule lernen rund 200 peruanische Straßenkinder nicht nur Lesen und Schreiben, sondern auch ein Handwerk. Die Lehrer haben Francisco sogar geholfen, ein Bett bei Verwandten zu bekommen. Seine wirkliche Familie aber, so sagt der Junge, sind „Huch'uy Runa“ und die Freunde aus der Backstube.

b **Trage die unterstrichenen Wörter an der richtigen Stelle in die folgende Tabelle ein. Kennzeichne den kurzen Vokal, indem du einen Punkt darunter zeichnest.**

Wörter mit **zwei verschiedenen Konsonanten** nach betontem kurzem Vokal	Duft,
Wörter mit **verdoppeltem Konsonanten** nach betontem kurzem Vokal	öffnet,

2 **Schau dich im Klassenzimmer oder bei dir zu Hause um und suche mindestens zehn Gegenstände, die mit betontem kurzem Vokal gesprochen werden. Schreibe die Wörter in dein Heft. Wenn du unsicher bist, wie sie geschrieben werden, schlage in einem Rechtschreibwörterbuch nach (▸ S. 63).**

3 Löse das Rätsel. Gesucht sind Wörter mit betontem kurzem Vokal.

Gesucht: waagrecht

1 sich im Wasser bewegen
2 tragen Verheiratete meist am Finger
3 große Ruhe, Lautlosigkeit
4 anderes Wort für „Sieger"
5 Bekleidungsstück für Frauen
6 beliebtes kleines Haustier
7 Nahrungsaufnahme bei Tieren
8 im Kleid ist ein ...

Gesucht: senkrecht

A schlägt in Kirchentürmen
B wo zwei Wände aufeinanderstoßen
C anderes Wort für „senden"
D scheint am Tag
E Bei Verletzungen empfindet man ...
F Jahreszeit
G kurze Haare am Augenlid
H Fußball ist ein ...

4 Suche zu den folgenden Wörtern je ein Reimwort und schreibe es auf:

necken – wecken

Schnecke – ____________

Nüsse – ____________

fallen – ____________

Wanzen – ____________

Spatz – ____________

Stamm – ____________

Tonne – ____________

Tatzen – ____________

rennen – ____________

Lange Vokale

Wissen und Können **Lange Vokale**

Auch wenn die Vokale **a, e, o, u** und die Umlaute **ä, ö, ü** lang gesprochen werden, schreibt man sie meistens nur mit einfachem Buchstaben, z. B.: *Frage, legen, mogeln, Schule, Käse, Lösung, Süden.*
Bei einer kleineren Gruppe von Wörtern aber folgt nach dem langen Vokal ein **h,** z. B. bei *Bahn, Mehl, nehmen, hohl, Sohle, Stuhl.*
Das **h** erscheint nach langem Vokal oft vor **l, m, n, r** und bleibt auch in den verwandten Wörtern erhalten, z. B.: *Wahl – wählen, Lehm – lehmig, Sohn – Söhne, Huhn – Hühner.*

1 **Hier fehlen die Reimwörter. Suche Reimwörter mit einem langen Vokal, der als einfacher Buchstabe geschrieben wird.**

Tal	Gruß	Mut	sagen
Wal	F		
M	R		

2 **Bilde mit den Buchstaben aus den Ballons Wörter, die den langen Vokal mit nachfolgendem h aus dem Korb des Ballons enthalten. Schreibe sie auf die Linien.**

1
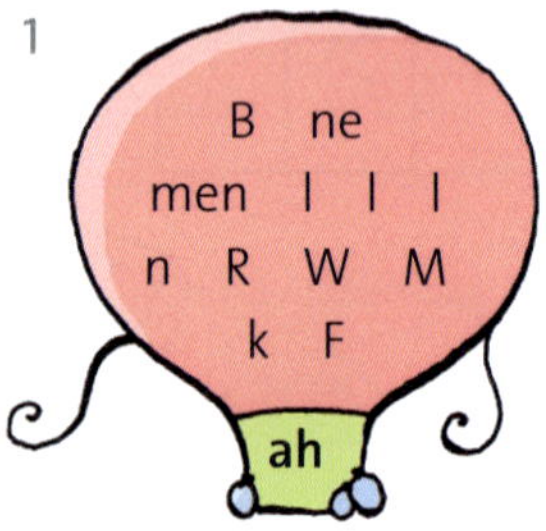

2

3
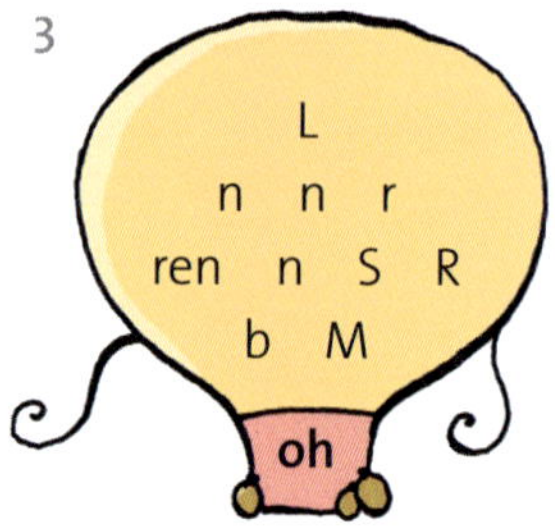

4

3 **Ordne die folgenden Wörter in die Tabelle auf Seite 75 ein:**

Wortspeicher

~~Stahl~~ • Rahm • Lohn • Sahne • Ausnahme • nehmen • Kohle • Verkehr • Zahn • Lehrerin • zahm • Fröhlichkeit • ungefähr • gähnen • Höhle • Sohn • rühren • Ruhm • erzählen • Fehlzeit • Rahmen • Kahn • ehren • Jahr

-hl	-hm	-hn	-hr
Stahl			

4 **Diese Schlange ist gefährlich. Du findest hier Wörter mit und ohne h.**

a **Trenne die einzelnen Wörter durch senkrechte Striche | ab.**

b **Schreibe die Wörter mit h heraus. Achte auf die korrekte Groß- und Kleinschreibung.**

5 **Schreibe aus dem Wörterversteck Wörter mit eh heraus. Du darfst Buchstaben doppelt verwenden.**

S	X	C	V	W	O	T	P	Y
A	K	I	B	E	L	K	J	Z
B	E	F	E	H	L	E	R	E
D	H	E	H	R	E	H	X	H
F	R	S	T	E	H	L	E	N
S	E	H	R	N	M	E	H	R
F	N	A	K	B	A	J	O	W

waagrecht: Befehl,

senkrecht:

6 **Es gibt Wörter mit langem Vokal, die gleich klingen, aber unterschiedlich geschrieben werden und eine unterschiedliche Bedeutung haben. Du kannst dir die richtige Schreibung einprägen, wenn du die Bedeutung kennst. Schreibe die Bedeutung hinter die Wörter.**

Mal: Kennzeichen

Mahl: Essen, Mahlzeit

Bote:

Boote:

leeren:

lehren:

malen:

mahlen:

Wagen:

Waagen:

Doppelvokale

Wissen und Können **Doppelvokale**

Es gibt einige Wörter, in denen die lang gesprochenen Vokale **a, e, o** mit Doppelbuchstaben geschrieben werden, z. B.: *Haar, Staat, Beere, leer, Moos, Zoo.*

1 **Setze die Wörter aus dem Wortspeicher sinnvoll zu Nomen zusammen und schreibe sie mit dem Artikel auf.**

Wortspeicher

~~Personen~~ • Schnee • Fest • Haar • Klee • Pflug • Stachel • ~~Waage~~ • Blatt • Boot • Saal • Segel • Schnee • Beere • Spange • See • Flocke • Räuber

die Personenwaage, ____________

____

____

2 a **Schreibe die Wörter zu den folgenden Bildern mit dem bestimmten Artikel auf:**

 *die Erdbeere*

 ____________

 ____________

 ____________

 ____________

 ____________

 ____________

 ____________

 ____________

●●● b **Suche dir aus den Wörtern, die du gefunden hast, fünf aus und bilde dazu Zusammensetzungen, z. B.:** *das Erdbeerbeet, die Speerspitze.* **Das Wörterbuch kann dir dabei helfen. Schreibe in dein Heft.**

3 **In diesem Wortgitter stecken neun Wörter, die auf -ee enden. Findest du sie alle?**
Umkreise die Wörter und schreibe sie heraus.
Ergänze den bestimmten Artikel.

Fremdwörter, die auf -ee enden
Einige Wörter, die ursprünglich aus einer anderen Sprache stammen, schreibt man mit **-ee** am Wortende, z. B.: *Armee, Idee, Kaffee, Tee, Tournee.*

K	W	X	P	V	Q	P	M	T	Y
A	R	M	E	E	L	Ü	T	E	R
B	M	X	T	O	U	R	N	E	E
V	S	I	D	E	E	E	N	L	N
Z	P	K	A	F	F	E	E	Z	T
K	E	I	A	C	H	E	L	B	R
N	E	O	R	C	S	E	E	L	E
T	R	W	A	L	L	E	E	S	Z

Das lange i

Wissen und Können **Das lange i**

Das **lang gesprochene i** wird **meistens ie** geschrieben, z. B.: *Kies, Wiese, lieb, hier, siegen.*
Die Verbindung **ih** findet man bei **Pronomen,** z. B.: *ihm, ihn, ihr.*
Manchmal wird das lange **i** nur durch den **Einzelbuchstaben i** wiedergegeben, z. B.: *dir, mir, Tiger, Maschine.*
Manche Verben ändern ihren Stammvokal, z. B. im Präteritum, in **ie,** z. B.: *schreien → schrie, lassen → ließ.*
Wenn du unsicher bist, schlage in einem Rechtschreibwörterbuch nach (► S. 63).

1 Unterstreiche im folgenden Text alle Wörter mit ie:

Fliegende Boten

Mit Brieftauben werden heute Wettbewerbe bestritten: Welche Taube fliegt die längste Wegstrecke? Im Altertum war es das Anliegen der Taubenzüchter, eine Art fliegende Briefpost zu haben. Im Alten Testament liest man über Noah, dass er eine Taube als Zeichen dafür fliegen ließ, dass die Wasserflut wieder niedriger stand. Als fliegende „Briefträger" setzten zum Beispiel auch die ägyptischen Pharaonen Tauben ein, und sie ließen extra leichtes Papier für den Transport entwickeln. Im antiken Griechenland war es üblich, dass viele Sportler, die an den Olympischen Spielen teilnahmen, ihre eigenen Brieftauben hatten. Im Falle eines Sieges banden die Athleten einen Teil des Zielbandes an den Fuß der Tauben, die anschließend zurück in die Heimat flogen und so den Daheimgebliebenen den Sieg anzeigten.
Damals ahnte niemand, dass die gefiederten Boten auch zwei Jahrtausende später noch in Kriegszeiten als schnelle Übermittler von Nachrichten in den Dienst genommen werden würden. Heute fliegen Tauben jedoch fast ausschließlich aus sportlichem Anliegen Nachrichten aus.

2 Ergänze die Wortbilder. Alle Wörter werden mit ie geschrieben und finden sich im Text über Brieftauben.

f l i e g e n | t | s | l | p

m | e | l | d | n

3 Bilde jeweils das Präteritum zu den Verben in der Tabelle. Trage es ein und unterstreiche das lang gesprochene i.

Infinitiv	Formen des Präteritums mit ie Singular	Formen des Präteritums mit ie Plural
steigen	er stieg	sie
schreiben	sie	wir
heißen	er	sie
lassen	ich	ihr

4 **Finde die passenden Wörter mit ie.**

Einbrecher	1				i	e			
Teile wachsender Pflanzen	2				i	e			
Sehfehler	3				i	e			
zusammenzählen	4				i	e			
zur Verfügung stellen	5				i	e			
Bahngleise	6				i	e			
Insekt	7				i	e			
Zahl	8				i	e			

Fremdwörter mit einfachem i
In Fremdwörtern, also in Wörtern, die ursprünglich aus einer anderen Sprache stammen, wird ein langes **i** oft mit einem einfachen **i** geschrieben, z. B.: *Vitamine, Maschine, Apfelsine, Klima, Motiv.*

5 **Hinter den Fragezeichen verbergen sich Wörter mit einfachem i. Schreibe sie in vollständiger Form heraus.**

Der Einkauf

Gemäß dem Einkaufszettel kaufte die Kus ? für die Schiffskant ? Mandar ?, Apfels ?, Ros ?, aber auch Gelat ? und Margar ? ein und schwang sich mit der Tasche auf ihre Rennmasch ? (Rennrad). Bautz – der Bordstein war doch zu hoch! Wie eine Law ? stürzten die Sachen auf die Straße. Ihre Term ? konnte sie nicht einhalten, und in der Schiffskab ? hielt ihr der Koch eine Gard ? predigt.

Kusine, ______

Fremdwörter: Verben auf -ieren
Viele von Fremdwörtern abgeleitete Verben enden auf **-ieren,** z. B.: *Telefon → telefonieren, Diktat → diktieren.*

6 **Leite von den folgenden Nomen wie im blauen Kasten die Verben ab. Schreibe in dein Heft.**

Wortspeicher
Nummer • Programm • Kontrolle • Explosion • Korrektur • Frisur

Die s-Laute

Wissen und Können | **Die s-Laute**

Im Hochdeutschen **spricht** man den s-Laut entweder **stimmhaft** (mit der Stimme geformt, der Kehlkopf vibriert ein wenig) oder **stimmlos** (eher gezischt). Ist im Dialekt der Unterschied nicht zu hören, muss man sich die richtige Schreibweise einprägen. Der s-Laut kann entweder **s, ss** oder **ß** geschrieben werden.
Der **stimmhafte s-Laut** wird mit einfachem **s** geschrieben, z. B.: *Nase, leise, Wiese, Hose, Bluse.*
Für den **stimmlosen s-Laut** gibt es verschiedene Möglichkeiten:

- Der **stimmlose s-Laut** wird mit einfachem **s** geschrieben, wenn sich **beim Verlängern des Wortes ein stimmhaftes s ergibt,** z. B.: *Glas – Gläser, Maus – Mäuse.* Bei gebeugten Verben bildet man zur Überprüfung den Infinitiv, z. B.: *sie speiste – speisen, er las – lesen.*
- **Nach langem Vokal oder nach Diphthong (au, äu, ei, eu)** schreibt man den stimmlosen s-Laut **ß, wenn** er bei der Verlängerungsprobe stimmlos bleibt, z. B.: *heiß – heißer, Fuß – Füße, Gruß – Grüße.*
- **Nach einem kurzen betonten Vokal** wird ein stimmloser s-Laut meist **ss** geschrieben, z. B.: *nass, Hass, goss.*

1 **Unterstreiche im folgenden Gedicht alle Wörter mit langem Vokal/Umlaut/Diphthong und folgendem stimmlosem s-Laut.**

Im Land der Klöße

Hier gibt es außergewöhnliche, große Klöße,
Großmutter legt sie auf dreißig Flöße.
Da kommt ein gefräßiger weißer Hund,
will die Klöße zerbeißen mit maßlosem Mund.
Mutig läuft die Großmutter barfuß auf die Straß',
gießt dem Hund süßen Rahm auf den Fuß ohne Maß.
Fleißig leckt der Hund die fließende Sahne,
sie macht ihm Spaß auch ohne Banane.
Schließlich zieht er mit freundlichem Gruß davon.
Die Großmutter lacht – so was kannte sie schon.

2 **Bilde zu den folgenden Wörtern Ableitungen oder Verlängerungen, in denen der stimmhafte s-Laut zu hören ist. Trage dann die richtige s-Schreibung im vorgegebenen Wort ein.**

Häuser	→ Hau*s*___	______	→ Fel___brocken
______	→ Hal___	______	→ Bla___kapelle
______	→ Auswei___	______	→ Bo___heit
______	→ Ga___	______	→ Rö___chen
______	→ Krei___	______	→ Wei___heit

3 **Entscheide mit Hilfe von Ableitungen oder Verlängerungen, ob in den folgenden Wörtern <u>ß</u> oder einfaches <u>s</u> steht.**

Der Wind sau_s_te und brau___te ums Haus. — sausen, ______________

Wenn du mich grü___t, ist der Tag versü___t. — ______________

Welch Gegensatz: Das Auto ra___t, die Kuh gra___t. — ______________

Der Wasserfall flie___t und schie___t in die Tiefe. — ______________

Der Dichter prei___t, was Liebe hei___t. — ______________

Lie___t du oder dö___t du nur? — ______________

Wer lange rei___t, der spei___t auch gerne unterwegs. — ______________

Das Lokal schlie___t, der Gast genie___t den letzten Schluck Kaffee. — ______________

ss erkennen
Folgt auf einen kurzen betonten Vokal ein stimmloser s-Laut, dann wird meistens **ss** geschrieben, z. B.: *krass, Wasser, essen, müssen.*

4 **Trage die richtige s-Schreibung in die Lücken der folgenden Wörter ein und finde so viele Reimwörter, wie Schreiblinien vorgegeben sind.**

Ebbe und Flut der Reime

Ausnahmefälle: Häufig gebrauchte Wörter mit einfachem *s*
Für einige häufig gebrauchte Wörter (und Zusammensetzungen mit ihnen) gilt eine Ausnahme. Obwohl man sie mit stimmlosem s-Laut spricht, werden sie mit einem **s** geschrieben: *ist, damals, aus, heraus, was, etwas, bis, bisher, als.*
Diese Wörter musst du auswendig lernen.

5 **Trage die Wörter aus dem Wortspeicher richtig in den Lückentext ein.**

Wortspeicher
als • damals • aus • was • bis • es • herauskam • was • als • es

Hallo, Taxi

______ war das? ______ der Mann ______ dem Haus kam, schaute er sich um, ______ er fand, ______ er suchte. ______, ______ er das erste Mal hier ______, war ______ schwierig gewesen, ein Taxi zu finden. Doch nun gab ______ einen brandneuen Taxistand, direkt vor dem Haus. Toll!

6 **Eine Herausforderung für echte Könner! Setze s oder ß oder ss in den folgenden Text ein:**

Ein verrückter Tag

Clara seufzt. Was für ein langweiliger Tag! Niemand da und nichts pa______iert. Sie geht nach drau______en, auf die Terra______e, in den Garten. „Aus mir soll noch ein Spro______ sprie______en!“, erklärt die Sonnenblume und reckt und streckt sich. „Ich mu______ noch einen Gu______ gie______en!“, sagt die Gie______kanne und wirft einen strafenden Blick auf die glei______ende Sonne. „Ich will noch einen Bi______ bei______en!“, summt die We______pe, fliegt aber, Gott sei Dank, in die andere Richtung. Clara macht das Gartentor auf und tritt auf die Stra______e. „Ich mu______ noch in den Flu______ flie______en!“, murmelt das Bächlein und plätschert leise mit seinem Wa______er weiter. „Ich werde jetzt das Zeitma______ me______en!“, tönt die Kirchturmuhr und schlägt die volle Stunde. Da vorne ist der Ei______laden. „Willst du mich nicht mit Genu______ genie______en?“, fragt das Eis verführerisch. „Endlich eine gute Idee!“, denkt Clara. Sie i______t ihr Eis und seufzt. Was für ein verrückter Tag! Gibt e______ denn niemanden, der wei______, wie man au______ diesen verrückten Dingen und ihrer verrückten Sprache einen Schlu______ schlie______en kann?

Teste dich!

Kurze und lange Vokale, s-Laute

1 Lauter lange Vokale: Fülle die Lücken mit a, e, o oder u und setze ein h, wo es nötig ist. (12 P.)

der S____n, der V____gel, die B____n, das L____s, die F____ne, der M____nd,

die Schn____r, die Gef____r, der R____t, die K____le, das K____mel, die S____ne

2 Setze in den Text das lange i in der richtigen Schreibung ein: i oder ie? (10 P.)

Christl Pfister

Das Krokod____l

Am D____nstag, früh gegen halb zehn, ich wollte gerade spaz____ren gehn, da h____lt vor d____sem großen Haus ein Möbelwagen. Wer st____g aus? Ein Krokod____l mit einem Klav____r; das zog in d____ Wohnung neben m____r. Verdutzt hab ich es angegafft: Na dann, auf gute Nachbarschaft!

3 Bilde aus jeder Wortblume zwei Nomen mit Vokalverdoppelung und zwei mit h. Du kannst dieselben Buchstaben mehrfach verwenden. (12 P.)

4 Setze die richtige Schreibung für den s-Laut ein. (12 P.)

Der Untergang der Titanic

Unfa____bar, wie es zu die____em grä____lichen Unfall, dem Untergang des Passagierschiffes „Titanic“, mit mehr als 1500 Toten kommen konnte. Einige Wi____enschaftler vermuten den Grund in den rie____igen Kohlelagern im Bauch der Titanic. Kohlevorräte sind unterwegs in Brand geraten – das wi____en sie. So etwas pa____ierte damals oft. Um den Brand zu bekämpfen, wurde die glühende Kohle in die Dampfke____el geschaufelt, was aber wiederum zur Erhöhung der Geschwindigkeit führte. Genau das pa____ierte wohl nach dem Abende____en am 14.4.1912. Ungebrem____t rammte die Titanic einen Ei____berg und ging unter.

Vergleiche deine Ergebnisse mit dem Lösungsheft. Für jede richtige Antwort bekommst du einen Punkt.

☺ 46–39 Punkte	😐 38–30 Punkte	☹ 29–0 Punkte
Gut gemacht!	Gar nicht schlecht, aber wiederhole in den Bereichen, in denen du unsicher bist, die Merkkästen und Übungen auf S. 72 bis 81.	Arbeite die S. 72 bis 81 noch einmal sorgfältig durch.

Zeichensetzung

Komma bei Aufzählungen

Wissen und Können | **Komma bei Aufzählungen**

Zwischen den Teilen einer **Aufzählung** stehen Kommas, außer wenn sie durch *und, oder* oder *sowie* verbunden sind, z. B.: *Der Architekt plant die Bauwerke, die Konstruktionen und deren Ausführung.*
Beachte beim Bestimmen von Satzgliedern: Jedes Satzglied kann aus einer Aufzählung bestehen, z. B. das Akkusativobjekt: *Er benötigt dazu viele künstlerische Ideen, handwerkliches Können sowie Fantasie.*
Wen oder was benötigt er? ... viele künstlerische Ideen, handwerkliches Können sowie Fantasie.

1 **a** **Im folgenden Buchtipp fehlen bei den Aufzählungen die Kommas. Füge sie ein.**
b **Markiere in den Aufzählungen die Wörter und sowie oder.**

Sie bauten eine Moschee

von David Macaulay

Ob Pyramide Kathedrale Ritterburg oder Wolkenkratzer – David Macaulay sieht immer ganz genau hin. Der britische Autor Techniker und Zeichner will nicht nur wissen, wie eine Kuppel konstruiert ist eine Säule gemeißelt oder ein Innenhof gestaltet wird. Ihn interessiert genauso, aus welchem Grund ein Gebäude errichtet wurde wer es erbaute und wer dort lebte. In seinem neuesten Buch entführt Macaulay seine Leser ins 16. Jahrhundert nach Konstantinopel, das heute Istanbul heißt. Ein reicher frommer Muslim stiftete eine Moschee. Als die aufwendigen zeitraubenden Arbeiten beendet waren, war um den Bau herum ein ganzes Stadtviertel neu entstanden. Der Autor beschreibt die technischen Probleme handwerkliche Angelegenheiten und die künstlerische Gestaltung. Mit leichtem präzisem Federstrich hat Macaulay dazu Szenen von den Bauarbeiten Aufrisse und Pläne gezeichnet. Obwohl die Geschichte dieser großen interessanten Moschee erfunden ist, stammen die Einzelheiten von wirklichen Bauwerken, die der Autor besucht bewundert und eingehend studiert hat. Seine Begeisterung steckt an – Kinder Jugendliche und Erwachsene gleichermaßen.

2 **Du findest auf einer einsamen Insel eine Schatztruhe. Zähle auf, was du darin entdeckst. Beschreibe die Gegenstände dabei mit treffenden Adjektiven und denke an die Kommas bei der Aufzählung.**

3 Die Tiere staunen: Was für ein merkwürdiges Fabelwesen sitzt denn da im Baum?

a Sieh es dir ganz genau an. Dann erkennst du, aus welchen Tieren es sich zusammensetzt. Schreibe alle Tiere auf und denke an die Kommas. Ein Tipp: Genaues Betrachten der umstehenden Tiere hilft dir bei der Lösung.

Das Tier setzt sich zusammen aus einem Hahn, ...

b Liste mindestens zehn Tiere auf dem Bild auf. Beschreibe sie mit mindestens zwei Adjektiven aus dem Wortspeicher. Du kannst dieselben Adjektive auch mehrfach benutzen und eigene dazunehmen.

Wortspeicher

flink • alt • bunt • ~~braun~~ • dick • prachtvoll • klein • aufmerksam • wendig • langsam • neugierig • federleicht • lustig • groß • freundlich • stolz • vorwitzig • schleimig • grün • ~~stachelig~~

der braune, stachelige Igel – ...

Komma bei Satzreihe und Satzgefüge

Lies den **blauen Kasten zur Satzreihe auf** ▸ **S. 58** noch einmal genau durch, bevor du die Aufgaben 1 und 2 bearbeitest.

1 **Trenne die Hauptsätze, indem du einen senkrechten Strich zwischen ihnen ziehst |. Setze Kommas, wo sie fehlen, und kreise die Konjunktionen (Bindewörter) ein, die einige der Hauptsätze verbinden.**

Sarah fährt der Umwelt zuliebe mit dem Fahrrad oder sie nimmt den Bus.
Laura achtet genau auf die Trennung des Mülls und Deniz benutzt umweltfreundliches Spülmittel.
Laura und Deniz haben die wichtigsten Regeln zum Umweltschutz gesammelt denn sie möchten ein Plakat zum Umweltschutz gestalten.
In der Klasse informieren sie ihre Mitschüler und für das Schulfest planen sie einen Infostand.
Die Lehrerin ist erstaunt über die tollen Ideen und die Klassenkameraden finden die vielen Tipps sehr gut aber sie halten deren Umsetzung im Alltag manchmal für schwierig.

2 **Verbinde die folgenden Hauptsätze zu sinnvollen Satzreihen. Schreibe in dein Heft.**

A Die Mitschüler hören Laura und Deniz gerne zu. Die Lehrerin freut sich über den Einsatz ihrer Schüler.
B Laura berichtet in ihrer Klasse über das Stromsparen. Den Mitschülern fallen zunächst nicht viele Möglichkeiten ein.
C Schon beim Verlassen des Klassenzimmers kann man Strom sparen. Das Licht, der Tageslichtprojektor sowie der CD-Player sollten abgeschaltet werden.

Lies den **blauen Kasten zum Satzgefüge und den Tipp auf** ▸ **S. 59** noch einmal genau durch, bevor du die Aufgaben 3 und 4 bearbeitest.

3 **Unterstreiche in den folgenden Satzgefügen die Hauptsätze blau, die Nebensätze grün. Umrahme die Konjunktionen orange, die Relativpronomen schwarz. Setze Kommas, wo sie fehlen.**

Die Stellung des Nebensatzes
Nebensätze können **dem Hauptsatz folgen,** ihm **vorangestellt** sein oder in den Hauptsatz **eingeschoben** werden.
Einen vorangestellten Nebensatz erkennt man daran, dass der Satz mit einer Konjunktion oder einem anderen Verknüpfungswort beginnt.
Der vorangestellte Nebensatz nimmt die Stelle eines Satzglieds im folgenden Hauptsatz ein.

A Nachdem Laura das Plakat an die Tafel gehängt hat stellen ihre Mitschüler schon die ersten Fragen.

B David bittet um Informationen zur Mülltrennung da seine Oma immer alles in die Restmülltonne wirft.

C Deniz erklärt den Mitschülern dass Papier in die Altpapiertonne gehört.

D Damit sie wiederverwertet werden können sammelt man Abfälle aus Kunststoff und Alufolie im gelben Sack.

E Der Abfall der außer dem Biomüll übrig bleibt gehört in den Restmüll.

4 **Einige der folgenden Konjunktionen verbinden Haupt- und Nebensatz zu einem Satzgefüge. Markiere sie grün. Andere verbinden zwei Hauptsätze zu einer Satzreihe. Markiere sie blau.**

weil • als • und • nachdem • dass • oder • obwohl • da • aber • wenn • während • doch • denn

Zeichensetzung bei der wörtlichen Rede

Wissen und Können **Die Zeichensetzung bei der wörtlichen Rede**

Die wörtliche Rede steht in **Anführungszeichen:** *„Marie, hast du gehört? Es hat geklingelt."*

- Zwischen dem **einleitenden Redebegleitsatz** und der wörtlichen Rede steht ein **Doppelpunkt:** *Die Mutter sagt: „Marie, öffne bitte die Tür!"*
- Der **eingeschobene Redebegleitsatz** wird durch Kommas von der wörtlichen Rede getrennt: *„Marie", ruft die Mutter, „wo bleibst du denn?"*
- Auch der **nachgestellte Redebegleitsatz** wird durch ein **Komma** von der wörtlichen Rede getrennt. Dabei entfällt der Schlusspunkt in der wörtlichen Rede. Ausrufezeichen oder Fragezeichen bleiben aber erhalten: *„Sarah wollte auch kommen", meint die Mutter. „Wann wollte sie denn kommen?", fragt Marie. „Ruf sie doch noch einmal an!", bittet die Mutter.*

1 **a** **Marie spricht mit ihren Eltern über das Thema Umweltschutz. Unterstreiche die Redebegleitsätze im folgenden Text.**

b **Setze die Anführungszeichen und die Satzzeichen.**

A Marie erzählt bedrückt Unsere Lehrerin meint, dass die Luft immer schlechter wird.

B Auch die Meere sollen bedroht sein fügt sie hinzu.

C Die Mutter zeigt auf einen Zeitungsartikel und sagt Schau hier! Da steht zufällig ein Bericht über die Fischbestände. Die Menschen fischen zu viele junge Fische ab, diese werden nicht mehr groß genug, um selbst Nachkommen zu haben.

D Marie ruft erregt Aber da muss man doch etwas unternehmen! Kann ich denn etwas tun?

E Die Eltern machen ihr Mut Du bist doch nicht allein! Frag deine Freundinnen und Freunde, ob ihr gemeinsam Ideen entwickeln könnt.

●●● **c** **Stelle Satz A so um, dass der Redebegleitsatz an unterschiedlichen Positionen steht, und benenne jede Position. Schreibe in dein Heft.**

2 **a** **Unterstreiche die Redebegleitsätze.**

b **Setze die Anführungszeichen.**

Später am Nachmittag trifft sich Marie mit Sarah und Florian. Es sprudelt nur so aus ihr heraus , als sie die beiden sieht: Ich habe mit meinen Eltern über die Umweltzerstörung geredet , die wir heute Morgen in der Schule besprochen haben. Das bedrückt mich sehr. Habt ihr eine Idee , was wir Kinder dagegen tun können? Ich habe mal gehört , sagt Florian , dass zum Beispiel einige Haarwaschmittel nicht gut für das Wasser sind. Wir könnten umweltfreundliches Shampoo benutzen. Ich fahre so oft wie möglich mit dem Fahrrad und lasse mich nicht von meiner Mutter mit dem Auto fahren , wirft Sarah ein , denn Autofahren belastet wegen der Abgase die Luft und schädigt die Bäume. Etwas machen wir schon , fällt Marie ein , ich bringe immer unsere leeren Flaschen in den Glascontainer. Dann kann das Glas wiederverwertet werden. Und wir haben doch neulich in der Schule vereinbart , dass wir Butterbrotdosen statt Papier verwenden , damit nicht so viel Müll entsteht , erinnert Sarah die beiden anderen.

3 **a** **Ergänze die folgende Merksätze. Lies dir dazu nochmals den blauen Kasten auf ▶ Seite 86 genau durch.**
b **Schreibe die Beispiele in die passende Zeile. Ergänze dabei die fehlenden Satzzeichen.**

Wortspeicher

Wir können doch mit dem Fahrrad fahren meint Sarah damit wir umweltschädliche Abgase vermeiden. • Marie ruft Lasst uns gleich heute mit dem umweltfreundlichen Bus fahren! • Morgen berichten wir unseren Mitschülern von unseren tollen Ideen zum Umweltschutz ergänzt Florian.

Der Redebegleitsatz vor der wörtlichen Rede heißt ______________________ Redebegleitsatz.

Beispiel: ____

____

Der Redebegleitsatz inmitten der wörtlichen Rede heißt ______________________ Redebegleitsatz.

Beispiel: ____

____

Der Redebegleitsatz nach der wörtlichen Rede heißt ______________________ Redebegleitsatz.

Beispiel: ____

____

4 **a** **Schreibe einen kurzen Text aus den Wortbeiträgen in dein Heft. Wähle passende Redebegleitsätze aus.**
b **Stelle in drei Sätzen den Redebegleitsatz um und benenne, um welche Art von Redebegleitsatz es sich dann handelt.**

Wortspeicher

Sarah ruft erfreut • Florian überlegt • wirft Marie ein • erklärt Sarah • merkt Marie an

Teste dich!

Zeichensetzung

1 Ergänze ein fehlendes Komma und streiche ein zu viel gesetztes Komma im folgenden Satz. (2 P.)

Jedes Kind das etwas zum Umweltschutz beitragen möchte, kann beispielsweise Altpapier sammeln, Verpackungsmüll einsparen, und ein umweltfreundliches Haarwaschmittel benutzen.

2 Setze die fehlenden Kommas an die richtige Stelle. (11 P.)

VORSICHT FEHLER!

Wiederverwertung auf andere Art

Der 14-jährige fleißige geschickte Thierno lebt in Dakar, der Hauptstadt des westafrikanischen Staates Senegal. Auf seinem Schulweg stöbert er mit einem Stock im Dreck am Straßenrand durchsucht die Mülltonnen von Tankstellen und kriecht unter parkende Lastwagen. In einer Plastiktüte scheppern die Dinge die er aufgelesen hat: zerbeulte Getränkedosen verschmierte Ölbüchsen leeres Insektenspray und benutzte Einkaufstaschen. Mit seinen geschickten und flinken Händen verwandelt er den Abfall in schönes Spielzeug Portmonees und Taschen die er gut verkauft. Wenn er nicht so geschickt wäre müsste er sich auf den Straßen Dakars als Bettler Schuhputzer oder Bote durchschlagen denn seine Eltern sind sehr arm.

3 Ergänze den Lückentext. (3 P.)

A Die wörtliche Rede wird von ______________________________ eingeschlossen.

B „Thierno“, ruft sein Nachbar, „brauchst du noch ein paar Dosen?“ In diesem Beispiel ist der Redebegleitsatz

______________________________.

C Der einleitende Redebegleitsatz wird durch einen ______________ von der wörtlichen Rede getrennt.

4 Setze die fehlenden Satzzeichen und die Anführungszeichen richtig. (9 P.)

Bücherwurm

Eines Abends lag Olli im Bett und las sein hundertstes Buch. Seine Mutter meinte Wenn du so weiterliest, kommt bald der Bücherwurm Er fragte Stimmt das Ja, aber klar war die Antwort. Mitten in der Nacht wachte Olli auf und sah etwas auf seiner Bettdecke. Bist du der Bücherwurm fragte Olli vorsichtig von dem Mama erzählt hat Ja antwortete der Bücherwurm. Ich habe mich verlaufen. Eigentlich wollte ich in den Altpapiercontainer: Papier fressen. Lecker! Frisst du denn nicht Bücher fragte Olli. Ach was, die sollen die Kinder doch lesen antwortete der Bücherwurm kichernd. Olli atmete auf Stimmt auch!

Werte deine Ergebnisse aus, indem du deine Antworten mit dem Lösungsheft abgleichst.

☺ 25–21 Punkte	😐 20–16 Punkte	☹ 15–0 Punkte
Gut gemacht!	Gar nicht schlecht. Aber lies die Merkkästen auf den Seiten 58/59 und 83 bis 86 noch einmal genau durch.	Arbeite die Seiten 58/59 und 83 bis 87 noch einmal sorgfältig durch.

Teste dich!

Rund um die Rechtschreibung

1 **Schreibe den folgenden Text in dein Heft. Trenne dabei alle Wörter korrekt voneinander ab, achte auf die korrekte Groß- und Kleinschreibung und setze alle fehlenden Satzzeichen. (10 P.)**

IMLETZTENHERBSTFUHRDIEKLASSE5CDERREALSCHULEVATERSTETTENINSSCHULLANDHEIMDIEHERBERGEWAR EINEEHEMALIGEBURGANLAGEDIEEINENGERÄUMIGENINNENHOFTÜRMEMITZINNENUNDEINUNHEIMLICHES UNTERIRDISCHESGEFÄNGNISHATTE

2 **In diesem Text fehlen pro Lücke ein, zwei oder drei Buchstaben. Ergänze die fehlenden Buchstaben. (15 P.)**

Die Schüleri_____en und Schüler _____erstanden sich sehr gut mit ihrem Lehrer. Einmal aber machten sie heimlich aus, da_____ sie ihm einen Streich spielen wo_____ten. Sebastian und Lukas besor_____ten sich zwei Bettla_____en und einen gro_____en Schlüsselbun_____. Um halb zwölf in der Nacht schl_____chen sie dann unbemerkt in den Innenhof. Sie z_____gen die Be_____ücher über den Kopf und ra_____elten unter dem Fenster ihres Lehrers mit den Schlü_____eln. Richti_____ gespenti_____ war das!

3 **a Im folgenden Text stecken Rechtschreibfehler. Suche sie zuerst heraus und unterstreiche sie. Schreibe dann die verbesserten Wörter in die rechte Spalte. (16 P.)**
b Ergänze die fehlende Zeichensetzung bei der wörtlichen Rede direkt im Text. (3 P.)

VORSICHT FEHLER!

Aber nichts rührte sich, Alles blieb ruhig, nur eine Kaze miaute. Da, die Turm Uhr schlug mitternacht! In diesem Moment ging eine Tür auf und eine bleulich schimernde Gestalt trat auf die Schwelle. Hu, hu, wer stört meine ruhe? Ferschwindet, ihr Eintringlinge! drönte die Stimme. Den beiden Schülern stokte der Atem, die Füsse schiehnen schwer wie blei am Boden zu kleben. Schnell weg hier schrie Lukas, und die beiden stollperten so schnell wie möklich in ihre Zimmer zurück ...

Vergleiche deine Antworten mit dem Lösungsheft. Dort findest du auch einen Schlüssel für die Punktezahlen.

🙂 44–40 Punkte	😐 39–35 Punkte	🙁 34–0 Punkte
Gut gemacht!	Gar nicht schlecht, aber lies dir die Merkkästen der Seiten 63 bis 86 noch einmal genau durch und übe in den Bereichen, in denen du viele Fehler gemacht hast.	Arbeite die Seiten 63 bis 88 noch einmal sorgfältig durch.

Übungen für den Jahrgangsstufentest

So kannst du mit der folgenden Einheit üben:

1 Arbeite den gesamten Test auf einmal durch.
2 Nimm dir fünf Minuten Zeit, um den Text auf dieser Seite zu lesen.
3 Nimm dir 45 Minuten Zeit, um die Aufgaben (► S. 91 bis 95) zu bearbeiten.
4 Stoppe die Zeit. Bleibe nicht an einer Aufgabe „hängen“.
5 Lies die jeweilige Aufgabenstellung genau durch. Unterstreiche Wörter, die dir sagen, was du tun musst.
6 Löse am Schluss die Aufgaben, die du noch nicht bearbeitet hast.

Das Runde muss in das Eckige

1 Es war im Jahr 1848, als Studenten der Universität Cambridge in England die ersten Fußballregeln verfassten. Keine zehn Jahre später, 1857, gründeten Cricketspieler aus Sheffield den ersten offiziellen Fußballverein: FC Sheffield. Daher gilt bis heute England als das Mutterland des Fußballs. 1872 fand das erste offizielle Länderspiel in Glasgow zwischen England und Schottland statt. Es endete mit einem Unentschieden.

2 In Kontinentaleuropa konnte sich der Fußball zuerst in der Schweiz durchsetzen, da dort viele Engländer in Privatschulen unterrichtet wurden und die Sportart mitbrachten. In Deutschland verlief die Entwicklung viel langsamer. Dort war zu dieser Zeit die beliebteste Sportart das Turnen. Nach einer Legende führte der Braunschweiger Gymnasiallehrer Konrad Koch das Fußballspielen 1874 ein. Aber keine dreißig Jahre später war Fußball auch hier ein Massensport. Manche Eltern sahen es allerdings nicht gerne, wenn ihre Kinder Fußball spielten, weil das überwiegend ein Sport von Arbeiterkindern war. Der Sohn eines Arztes, Apothekers oder Kaufmanns sollte nicht mit ihnen spielen, daher verboten ihm die Eltern das Fußballspiel. Anscheinend haben die Jungen sich aber nicht daran gehalten.

3 Warum ist Fußball so populär? Dieser Sport spricht alle Altersgruppen an. Dabei ist es gleichgültig, ob man die Fußballspieler oder die Zuschauer betrachtet. Da alle Altersstufen angesprochen werden, dient der Fußball als verbindendes Element zwischen den Generationen. Ein weiterer Grund für seine Beliebtheit ist, dass das Spiel einfache Regeln hat und die Spieler wenig Ausrüstung benötigen. Eine Blechdose als Ball, Pullover als Begrenzungen für die Tore – und schon kann es losgehen.

4 Jedes Jahr fiebern Millionen begeisterte Fußballfans der neuen Bundesligasaison[1] entgegen. Ein Samstag ohne Fußball ist für sie sterbenslangweilig. Dabei ist die Bundesliga noch gar nicht so alt. Sie wurde erst 1962 in Dortmund zur Spielzeit 1963/64 gegründet.

Schon 1970 gab es einen ersten Skandal: Damals kam heraus, dass in mehreren Spielen betrogen worden war. Spieler unter anderem von Hertha BSC, dem VfB Stuttgart und dem FC Schalke 04 wurden zum Teil auf Lebenszeit gesperrt und mussten hohe Strafen zahlen. Ebenso wurden Trainer und Vereine zur Rechenschaft gezogen. Auch heute gibt es immer wieder Betrugsvorwürfe.

5 Ist Fußball nun eigentlich ein „Männersport“? Seit dem Gewinn der Fußballweltmeisterschaft der Frauen durch die deutsche Nationalmannschaft 2003 erlebt der Frauenfußball einen großen Zulauf. Heute spielen Männer und Frauen, Jungen und Mädchen gemeinsam Fußball und besuchen die Spiele ihrer Mannschaft, die sie laut und fröhlich anfeuern.

1 die Saison: *hier* Spielzeit

1. Teil (Kompetenzbereich I): Textverständnis

11 Punkte

Aufgabe 1

5 Punkte

a Ordne jedem der Textabschnitte (1–5) Begriffe aus dem Wortspeicher in der inhaltlich richtigen Reihenfolge zu. Die Begriffe kommen auch im Text vor. Ein Beispiel soll dir helfen.

Wortspeicher

Turnen • Spiele • Ausrüstung • Männersport • Altersstufen • Fußballfans • Massensport • Bundesligasaison

1	England	Sheffield	Mutterland
2	Kontinentaleuropa		
3		Regeln	
4			Skandal
5		Frauenfußball	

b Kreuze die richtige Aussage an:

Der Autor möchte mit diesem Text vor allem

☐ unterhalten ☐ informieren ☐ werben

☐ Punkte

Aufgabe 2

3 Punkte

Welche drei Aussagen entsprechen dem Inhalt des Textes? Kreuze sie an.

A ☐ In Deutschland haben von Anfang an alle gerne Fußball gespielt.

B ☐ Der erste Fußballverein war der FC Sheffield, der auch im ersten Länderspiel spielte.

C ☐ Fußball hat einfache Regeln und man braucht wenig Ausrüstung.

D ☐ Engländer haben das Fußballspiel in die Schweiz gebracht.

E ☐ Die Nationalmannschaft der Männer hat 2003 die Fußballweltmeisterschaft gewonnen.

F ☐ Fußball ist heute kein reiner „Männersport“ mehr.

☐ Punkte

Aufgabe 3

3 Punkte

Bei dieser Aufgabe zum Text sind die Antworten schon vorgegeben. Formuliere jeweils eine passende Frage.

A **Frage:** ____________________

Antwort: Wohlhabende Bürger verboten ihren Söhnen das Fußballspielen, weil das eine Sportart für Arbeiterkinder war.

B **Frage:** ____________________

Antwort: Fußball ist eine Sportart, die sowohl Männern als auch Frauen gefällt.

C **Frage:** ____________________

Antwort: Fußball spricht alle Generationen an.

☐ Punkte

2. Teil (Kompetenzbereich II): Aufgaben zur Ausdrucksfähigkeit

14 Punkte

Aufgabe 4

6 Punkte

Schreibe die Sätze ab und finde für den unterstrichenen Teil jedes Satzes jeweils eine andere Formulierung, ohne den Sinn des Satzes zu verändern.

A Manche Eltern sahen es allerdings nicht gerne, wenn ihre Kinder Fußball spielten.

B Dieser Sport spricht alle Altersgruppen an.

C Jedes Jahr fiebern Millionen begeisterte Fußballfans der neuen Bundesligasaison entgegen.

Punkte

Aufgabe 5

5 Punkte

Leon und Matthias betrachten einen Prospekt der Allianz Arena in München.

Die Allianz Arena in München

Nachdem im Jahr 2001 ein Bürgerentscheid über ein neues Fußballstadion in München 65,8 Prozent Zustimmung erreicht hatte, konnte der Bau im Herbst 2002 beginnen. 2005 öffnete die Allianz Arena nach nicht einmal dreijähriger Bauzeit ihre Pforten. In diesem Stadion spielen die beiden Münchener Vereine FC Bayern München und TSV 1860 München ihre Heimspiele.

Erste Spiele:
30. Mai 2005: TSV 1860 – 1. FC Nürnberg 3:2
31. Mai 2005: FC Bayern – Deutsche Nationalmannschaft 4:2

Karten des FC Bayern erhalten Sie im Vorverkauf über die Telefonhotline unter der Nummer 089 69931333, an Werktagen vormittags zwischen 8.30 und 12.00 Uhr und nachmittags zwischen 13.00 und 17.00 Uhr. Donnerstags ist das Telefon bis 18.00 Uhr besetzt.

Anfahrt: Vom Marienplatz mit der U6 (Richtung Garching-Hochbrück), Haltestelle Fröttmaning, dann zu Fuß über die Esplanade zum Stadion.

Leon stellt Fragen zu dem Prospekt. Kreuze die passenden Antworten an.

	ja	nein	steht nicht im Text
A „Stimmt es eigentlich, dass eine Mehrheit den Bau der Arena nicht wollte?“	☐	☐	☐
B „Haben in den ersten beiden Spielen die Münchener Vereine, der TSV 1860 und der FC Bayern, gewonnen?“	☐	☐	☐
C „Bedeutet der Hinweis zur Anfahrt, dass die Zuschauer mit öffentlichen Verkehrsmitteln anreisen müssen?“	☐	☐	☐
D „Kann ich bei der Telefonhotline auch Karten für Länderspiele kaufen?“	☐	☐	☐
E „Ich habe gehört, dass es auch Besichtigungstouren gibt. Stimmt das eigentlich?“	☐	☐	☐

☐ Punkte

Aufgabe 6

3 Punkte

Welche Bedeutung erklärt das Wort? Du kannst auch im Text auf Seite 90 nachsehen.

A Universität (Z. 1)
☐ Hochschule
☐ Sportverein
☐ Turnhalle

B populär (Z. 26)
☐ erfolgreich
☐ musikalisch
☐ beliebt

C Skandal (Z. 41)
☐ Fußbekleidung
☐ Ärgernis
☐ Sensation

☐ Punkte

3. Teil (Kompetenzbereich III): Aufgaben zur Rechtschreibung und Zeichensetzung

23 Punkte

Aufgabe 7

6 Punkte

a **Setze die richtigen i-Laute in die Lücken:**

Der Sp______ler begeht ein schlimmes Foul. Der Sch______dsr______chter zeigt ______m die rote Karte.

b **Entscheide, ob du äu oder eu bzw. ä oder e einsetzen musst, und fülle die Lücken entsprechend:**

Flanken sind in den Strafr______men besonders gef______hrlich.

☐ Punkte

Aufgabe 8

2 Punkte

Schreibe diesen „Schlangensatz“ ohne Rechtschreibfehler auf die Linien darunter.

Fußballwirdvonzweimannschaftenmitjeelfspielernaufeinemrechteckigenspielfeldgespielt.

____

____

____

☐ Punkte

Aufgabe 9

5 Punkte

Fülle die Lücken mit dem richtigen s-Laut (s–ss–ß) aus.

Der Spieler nahm Ma_____, ging einige Schritte zurück, lief an und scho_____ den Ball ins Tor. Die Fans ri_____en die Arme hoch und jubelten. Grinsend lie_____ sich der Torschütze feiern. Das war ein Fe_____t!

☐ Punkte

Aufgabe 10

8 Punkte

Setze die fehlenden fünf Satzschlusszeichen und die fehlenden drei Kommas. Denke daran, dass sich bei Satzanfängen die Rechtschreibung ändert. Korrigiere die Satzanfänge, indem du sie überschreibst.

Im zweiten Jahrtausend v. Chr. wurde in China ein fußballähnliches Spiel ausgetragen über die damaligen Regeln des Spiels ist nichts bekannt als sicher gilt dass es als militärisches Ausbildungsprogramm zum Training der Soldaten durchgeführt wurde der Ball den man bei diesem Spiel verwendete war aus Lederstücken zusammengenäht und mit Federn und Tierhaaren ausgestopft wie würde sich wohl Schweinsteiger mit diesem Spielgerät anstellen

☐ Punkte

Aufgabe 11

2 Punkte

Erkläre in Stichworten, warum bei den folgenden Sätzen ein Komma gesetzt wurde.

A Aus dem antiken Griechenland kennen wir Abbildungen von Ballspielen auf Vasen, Reliefs und Tontellern.

____

B Auch die Römer kannten Ballsportarten, die als Übung für das Militär galten.

____

☐ Punkte

4. Teil (Kompetenzbereich IV): Aufgaben zur Grammatik

13 Punkte

Aufgabe 12

2 Punkte

Erkläre den folgenden Auszug aus dem Rechtschreibwörterbuch:

Tor, das, -[e]s, -e

a Wofür steht -[e]s? ______________________________

b Wofür steht -e? ______________________________

☐ Punkte

Aufgabe 13

3 Punkte

a Trenne bei dem folgenden Satz die Satzglieder durch senkrechte Striche deutlich voneinander ab:

Jedes Jahr fiebern Millionen begeisterte Fußballfans der neuen Bundesligasaison entgegen.

b Benenne das erste und das dritte Satzglied.

Erstes Satzglied: ______________________________

Drittes Satzglied: ______________________________ ☐ Punkte

Aufgabe 14

4 Punkte

Setze den passenden (bestimmten oder unbestimmten) Artikel ein und schreibe den Kasus (Fall) in die Klammer. Ein Beispiel ist vorgegeben.

Schon im Frühmittelalter wurde in England *eine* Art (*Nominativ*) des heutigen Fußballspiels gespielt. Nach der Entdeckung Amerikas lernten die Europäer ________ Ballspiele (________________) Mittelamerikas kennen. Dort schossen die Spieler ________ Ball (________________) nicht mit dem Fuß, sondern mit der Hüfte oder einer Schulter durch die Öffnung ________ Rings (________________). Schon immer machten Ballspiele ________ Menschen (________________) in den unterschiedlichsten Gegenden der Welt Freude.

☐ Punkte

Aufgabe 15

4 Punkte

Setze die Verben in Klammern in die richtige Zeitform.

Der Schiedsrichter ______________________ (entscheiden) auf Foul, wenn ein Spieler zuvor gegen die Regeln ______________________ (verstoßen). Bereits in den ältesten Fußballregeln ______________________ (strafen) die Schiedsrichter mit einem Elfmeter, nachdem ein Spieler seine Hand absichtlich ______________________ (benutzen).

☐ Punkte

Werte deine Ergebnisse aus, indem du deine Antworten mit dem Lösungsheft abgleichst.
Für jede richtige Lösung erhältst du einen Punkt. Bei Aufgabe 4 und Aufgabe 8 bekommst du für jeden richtigen Satz 2 Punkte.

☺ 61–49 Punkte	😐 48–29 Punkte	☹ 28–0 Punkte
Gut gemacht!	Überprüfe, in welchen Bereichen du noch Probleme hast, und übe dort gezielt.	Du hast noch recht große Wissenslücken. Arbeite alle Bereiche noch einmal durch, in denen du viele Fehler gemacht hast.

Autoren- und Quellenverzeichnis

S. 24: Grimm, Jacob und Wilhelm: Simeliberg. Aus: Kinder- und Hausmärchen. © Patmos Verlag GmbH & Co KG / Albatros Verlag, Düsseldorf 2003, S. 648 ff. (modernisiert) – **S. 27, 29:** Eppelin, Dörte: Der Tag des Waldes / Der Weltwassertag. Quelle: www.geo.de/GEOlino/natur/56678.html, veröffentlicht am 20.03.2008. Stand 01.03.2016 (verändert) – **S. 33:** Craighead George, Jean: Julie von den Wölfen. Deutsch von Friedl Hofbauer. dtv, München 1998, S. 8, S. 26 (Auszug, verändert) – **S. 37:** Der Braunbär. Nach: Mainpost, Würzburg, 26.10.2010, Zeitung für Kinder / dpa (verändert) – **S. 41:** Krüss, James: Der törichte Star. Aus: Mein Urgroßvater und ich. Oetinger, Hamburg 1998, S. 27 – **S. 43:** Text zur Sonnenuhr nach: Wissen der Welt: Faszination der Zeit. ars Edition, München 2002, S. 15 (verändert) – **S. 47:** Die Feste des Partyschlumpfs. Nach: Der Ferienschlumpf. Click-Clack, Essen. © Peyo 1997. Licensed through I. M. P. S. (Brussels) (gekürzt) – **S. 50:** Quallen. Aus: BUND Jugend, Kiel (Hg.): Quallen. Aus: Das Nordsee-Kinderheft, S. 21 (verändert) – **S. 52:** Gerndt, Helge: Der Klabautermann. Aus: Fliegender Holländer und Klabautermann. Schwartz, Göttingen 1971 – **S. 63, 94:** Wörterbuchauszüge. Nach: Duden. Die deutsche Rechtschreibung. Dudenverlag, Mannheim, 25. Auflage 2009 – **S. 70:** Pfeffel, Gottlieb Konrad: Der Igel. Aus: Skorpion und Hirtenknabe. Maximilian Dietrich Verlag, Memmingen 1970, S. 28/29 – **S. 72:** Straßenkinder in der Backstube. Aus: GEOlino 2/2005 – **S. 82:** Pfister, Christl: Das Krokodil. Aus: Weißt du, was Riesenechsen fressen? Rowohlt, Reinbek 1987 – **S. 82:** Der Untergang der Titanic. Aus: National Geographic World, Juli/August 2005, S. 10 f. (gekürzt und verändert) – **S. 83:** Sie bauten eine Moschee. Aus: GEOlino, März 2005, S. 62 (verändert) – **S. 88:** Wiederverwertung auf andere Art (= Der Blechkünstler von Dakar). Aus: GEOlino, März 2005 (verändert) – **S. 88:** Bücherwurm. Von Nina Kurre (9 Jahre). Aus: Kölner Stadt-Anzeiger, 28./29. Mai 2005

Bildquellenverzeichnis

Cover: © Marc Romanelli / Blend Images / Corbis – **S. 7:** Juniors/Wildlife – **S. 8:** Juniors / Wildlife / R. Usher – **S. 10 links:** OKAPIA KG / Klaus Sudbrack – **S. 10 rechts:** OKAPIA KG / BIOS / J.-M. Labat & F. Rouquette – **S. 27:** © Rettet den Regenwald e. V. – **S. 29:** Fotofinder/Sinopictures – **S. 34 links:** © Gudrun Bramsiepe – **S. 34 Mitte:** Shutterstock / Bildagentur Zoonar GmbH – **S. 34 rechts:** Bildagentur Huber / Kremer – **S. 35:** picture alliance / blickwinkel / M – **S. 36:** (Seeotter) Bildagentur Huber / Newman; (Moschusochse) Wildlife / M. Hamblin; (Faultier) Shutterstock /Janossy Gergely; (Pinguin) Glow Images / ImageBROKER; (Pottwal) Juniors / Wildlife / W. Poelzer; (Gepard) Shutterstock / Jonathan C Photography – **S. 37 oben:** ddp / Picture Press – **S. 37 unten:** picture alliance / Image Source / Cold River Producti – **S. 49:** Shutterstock / Wim Claes – **S. 50:** picture alliance / dpa – **S. 68:** VISUM / Mikkel Ostergaard – **S. 72:** Bildagentur Huber / Foster – **S. 77:** OKAPIA KG / © Henry Ausloos – **S. 90:** Fotolia / © grafikplusfoto – **S. 92:** INTERFOTO / imageBROKER / Hermann Dobler

Die Mediencodes enthalten zusätzliche Unterrichtsmaterialien, die der Verlag in eigener Verantwortung zur Verfügung stellt.

Impressum

Teile einiger Kapitel dieses Bandes wurden erarbeitet von Christoph Berghaus, Günther Biermann, Gerd Brenner, Wolfgang Butz, Friedrich Dick, Jan Diehm, Ute Fenske, Josi Ferrante-Heidl, Cordula Grunow, Marlene Koppers, Anna Löwen, Angela Mielke, Vera Potthast, Katja Reinhardt und Irmgard Schick.

Redaktion: Christa Jordan, Eltville

Illustrationen:
Uta Bettzieche, Leipzig: S. 64, 65, 66, 67, 69, 70, 73, 74, 75, 76, 78, 79, 80, 81, 82, 83, 84, 87, 88
Nils Fliegner, Hamburg: S. 5, 6, 31, 33, 38, 40, 41, 42, 44, 45, 46, 47
Christiane Grauert, Milwaukee (USA): S. 12/13, 15, 17, 18, 19, 20, 21, 22
Kai Hofmann und Jutta Melsheimer, Berlin: S. 94
Constanze von Kitzing, Köln: S. 23, 24, 26, 53, 54, 56, 57, 58, 59, 60, 62

Gesamtgestaltung und technische Umsetzung: werkstatt für gebrauchsgrafik, Berlin

www.cornelsen.de

Bestandteile des Lehrwerks

- Schülerbuch (ISBN 978-3-06-067344-5)
- E-Book zum Schülerbuch (ISBN 978-3-06-067350-6)
- Arbeitsheft (ISBN 978-3-06-067326-1)
- Arbeitsheft mit interaktiven Übungen (ISBN 978-3-06-067332-2)
- Interaktive Übungen (ISBN 978-3-06-067334-8)
- Interaktive Übungen Schullizenz (ISBN 978-3-06-200265-6)
- Schulaufgabentrainer (ISBN 978-3-06-200205-2)
- Servicepaket (ISBN 978-3-06-067356-8)
- Servicepaket auf USB-Stick mit Unterrichtsmanager (ISBN 978-3-06-200278-6)
- Onlinediagnose (ISBN 978-3-06-200151-2)

Druck: Parzeller print & media GmbH & Co. KG, Fulda

Arbeitsheft mit Lösungen:
1. Auflage, 1. Druck 2017
ISBN 978-3-06-067326-1

Arbeitsheft mit Lösungen und interaktiven Übungen:
1. Auflage, 1. Druck 2017
ISBN 978-3-06-067332-2

PEFC
PEFC/04-31-1308

PEFC zertifiziert
Dieses Produkt stammt aus nachhaltig bewirtschafteten Wäldern und kontrollierten Quellen.

www.pefc.de

Realschule Bayern

Deutschbuch

Arbeitsheft 5

Lösungen

Cornelsen

Mit Materialien umgehen – Ordentlich arbeiten

Seite 3

1 Achte darauf, rechts oder links den Rand einzuhalten. Schreibe das Datum an den Rand. Versieh deinen Eintrag mit einer Überschrift und unterstreiche diese. Mache einen Absatz, wenn ein Gedanke sich zu einem Abschnitt zusammenfassen lässt. Wenn du einen Fehler gemacht hast, dann streiche ihn ordentlich mit einem Lineal durch. Hebe Wichtiges durch Unterstreichen mit einem Lineal hervor. Gliedere Listen und Aufzählungen durch Spiegelstriche.

Persönliche Briefe und E-Mails schreiben

Seite 5

2 + 3 Svenja hat ihren Brief korrekt aufgebaut. So solltest du auch deine persönlichen Briefe gliedern.
Die **Anredepronomen** sind hier unterstrichen und kleingeschrieben. Die Anredepronomen *du, dein* usw. kann man im Brief auch großschreiben (*Du, Dein* usw.); auf jeden Fall sollte es in einem Schreiben einheitlich sein.
Svenja gebraucht in ihrem Brief manchmal das **Perfekt.** Das ist zulässig, weil ein persönlicher Brief mit der Brieffreundin eine Art „schriftliches Gespräch“ ist. Aber denke daran: Wenn du eine Erzählung schreibst, ist die richtige Tempusform das Präteritum!

Stockholm, den 20. November 20XX	1. Briefkopf (Ort, Datum)
Liebe Kathrin,	2. Anrede
vielen Dank für deinen Brief. Ich habe schon lange nach einer Brieffreundin in Deutschland gesucht und freue mich sehr, dass ich dich gefunden habe.	3. Einleitung
Du hast geschrieben, dass du dich manchmal nicht mit deiner kleinen Schwester verstehst. Ich habe einen großen Bruder, der mich oft ärgert. Meine Eltern sind beide berufstätig, deshalb sind wir häufig allein zu Hause, und das nutzt Sten aus. Auch hast du gefragt, ob ich ein Haustier habe. Wir wohnen in einer Mietwohnung und dort ist kein Platz für ein Tier, sagen meine Eltern. Das ist schade!	4. Hauptteil
Bei uns werden die Tage nun kürzer und dunkler. Langsam beginnen die Vorbereitungen auf das Weihnachtsfest. Ich freue mich sehr darauf, weil ich dieses Jahr die Lussibrud bin, die Lucienbraut. Kennst du das Fest der heiligen Lucia? Der 13. Dezember ist ihr Gedenktag. Ein weiß gekleidetes junges Mädchen, das eine Krone mit brennenden Lichtern auf dem Kopf trägt, weckt in der Frühe die Schlafenden und schenkt ihnen Gebäck. Das ist für mich der schönste Winterbrauch, denn er erinnert daran, dass die Tage bald wieder länger und heller werden.	
Papa hat erzählt, dass es bei euch einen Adventskalender gibt. Kannst du mir erklären, was das ist? Du hast gar nicht geschrieben, welche Hobbys du hast. Erzähle mir doch bitte davon! Ich freue mich schon darauf, von dir zu hören.	5. Schluss
Viele liebe Grüße nach Deutschland	6. Grußformel
deine Svenja	7. Unterschrift

4 An dieser Stelle äußert und begründet Svenja ihre Meinung:
Das ist für mich der schönste Winterbrauch, denn er erinnert daran, dass die Tage bald wieder länger und heller werden. (Z. 15 f.)

5
a **Svenjas Fragen und Aufforderungen** an Kathrin: Kennst du das Fest der heiligen Lucia? (Z. 12) – ... dass es bei euch einen Adventskalender gibt. Kannst du mir erklären, was das ist? (Z. 17 f.) – Du hast gar nicht geschrieben, welche Hobbys du hast. Erzähle mir doch bitte davon! (Z. 18 f.)
b Beispiele für **Fragen an Svenja,** die sich auf ihren Brief beziehen: Wie ärgert dich dein Bruder? – Welches Haustier wünschst du dir? – Woher kommt der Brauch der heiligen Lucia? – Was für Hobbys hast du?
c Kathrin könnte auch **weitere Fragen an Svenja** stellen, z. B.: Liegt in Stockholm schon viel Schnee? – Geht man in Schweden im Winter zum Schlittschuhlaufen und Skifahren? – Habt ihr auch Weihnachtsferien?

6 Um Svenja den Adventskalender zu beschreiben, könntest du folgende Informationen verwenden: 1. bis 24. Dezember: Warten auf Weihnachten verkürzen – kaufen: winterliches Bild, Weihnachtsbild, Schokolade – selbst basteln: Päckchen, kleines Geschenk

7 So könnte der **Schreibplan** für einen Antwortbrief an Svenja z. B. aussehen:

Einleitung:	Dank für Brief, Freude über Antwort
Hauptteil:	eigene Hobbys, z. B. Musikinstrument, Sport – Erlebnis mit der kleinen Schwester – Antwort auf Frage nach Lucia-Brauch, Frage nach Verlauf des Festes – Antwort auf die Frage nach dem Adventskalender – eigene Meinung dazu
Schluss:	Frage nach Svenjas Hobbys – Frage nach Schnee und Wintersport in Stockholm

8 Du kannst deinen Antwortbrief an Svenja anhand der folgenden Checkliste überprüfen:

Einen persönlichen Brief schreiben

Formales – Äußerer Aufbau
- **Umschlag:** Habe ich die Adresse und den Absender an der richtigen Stelle angegeben?
- **Briefkopf:** Stehen Ort und Datum rechts oben?
- **Anrede:** Habe ich den Empfänger angemessen angesprochen?
- **Erstes Wort des Brieftextes:** Habe ich nach der Anrede in der richtigen Groß- bzw. Kleinschreibung weitergeschrieben?
- **Anredepronomen:** Habe ich die Höflichkeitsanrede *Sie* großschrieben? Habe ich die Anredepronomen *du* oder *ihr* entweder immer klein- oder immer großgeschrieben?
- **Grußformel:** Passt meine Grußformel zur Anrede?
- **Rechtschreibung:** Habe ich die Rechtschreibung sorgfältig überprüft?
- **Gestaltung:** Habe ich ordentlich geschrieben und, falls nötig, sauber durchgestrichen? Habe ich sinnvolle Absätze gemacht und die Zeilen ausgefüllt?

Sprache und Adressatenbezug
- **Anfang des Brieftextes:** Habe ich den Brief ansprechend und ohne Floskeln begonnen? (Keine abgegriffenen Aussagen wie: *Wie geht es dir? Mir geht es gut.*)
- **Verständlichkeit:** Habe ich auf eine sinnvolle Reihenfolge geachtet?
- **Im Brief erzählen:** Falls ich im Hauptteil von einem besonderen Erlebnis erzähle: Ist es mir gelungen, das Erlebnis anschaulich und interessant darzustellen?
- **Im Brief beschreiben:** Habe ich den Menschen, das Tier, den Gegenstand oder den Vorgang anschaulich beschrieben?
- **Im Brief eine Meinung äußern:** Habe ich meine Meinung klar geäußert und begründet?
- **Den Leser ansprechen:** Habe ich Stellen eingebaut, in denen ich so schreibe, als stünde der Briefpartner mir gegenüber und ich würde alles direkt erzählen, z. B.: *Was hättest du an meiner Stelle gemacht?*
- **Den vorliegenden Brief beantworten:** Habe ich alle Fragen meines Briefpartners ausreichend und verständlich beantwortet? Mache ich deutlich, dass ich mich auf seine Fragen beziehe, z. B.: *Du wolltest wissen ...* Oder: *Du hast mich nach ... gefragt.* Bin ich auf das, was der Adressat mir erzählt hat, eingegangen, z. B.: *Du hast geschrieben, dass ... Das freut mich.* Oder: *Was du über ... geschrieben hast, finde ich lustig. Mein Bruder hatte einmal ein ähnliches Erlebnis ...*

Hier findest du ein sehr ausführliches Beispiel für einen Antwortbrief an Svenja:

Landshut, 28. November 20XX

Liebe Svenja,

ich habe mich sehr gefreut, dass du auf meinen ersten Brief reagiert hast, und will dir daher auch schnell schreiben.
Du hast mich gefragt, welche Hobbys ich habe. Ich interessiere mich für vieles, aber mein wichtigstes Hobby ist die Musik. Seit vier Jahren spiele ich Klarinette. Mittlerweile trete ich im Spielmannszug auf. Außerdem wirke ich in der Schule in der Band mit. Sport treibe ich auch gerne: Ich spiele Badminton im Verein.
Wie ärgert dich denn dein großer Bruder? Ich muss auf meine kleine Schwester immer aufpassen, wenn meine Eltern nicht da sind. Dann kann ich mich nicht mit meinen Freundinnen treffen. Manchmal kommen sie zu mir, aber da will meine Schwester immer dabei sein. Nie haben wir unsere Ruhe. Das ärgert mich sehr ...
Den Brauch der Lucienbraut kannte ich nicht. Aber ich habe im Internet etwas darüber gelesen und Bilder angeschaut. Nun kann ich mir vorstellen, wie du aussehen wirst. Du musst mir unbedingt schreiben, ob alles gut verlaufen ist! Wie bist du denn Lucienbraut geworden?
Außerdem hast du dich nach unseren Adventskalendern erkundigt. Ab dem 1. Dezember haben wir für die 24 Tage bis Heiligabend einen Kalender. Für jeden Tag enthält er ein kleines Geschenk, das uns die Zeit bis Weihnachten verkürzen soll. Diese Kalender kann man kaufen oder selbst basteln. Die gekauften Adventskalender haben häufig ein Stückchen Schokolade hinter einem kleinen Türchen, für jeden Tag eines. Vorne sind immer weihnachtliche oder winterliche Bilder abgedruckt. Ich mag aber viel lieber einen selbst gemachten. Denn bei diesen Kalendern sind die Geschenke persönlicher und es gibt auch nicht immer Süßigkeiten. Letztes Jahr hatte meine Mutter 24 kleine Säckchen an einen Kleiderbügel gehängt; in einem war eine süße Haarspange in Pink! Ich bin gespannt, was sie sich dieses Jahr einfallen lässt.
Vielleicht kannst du mir auch etwas über deine Hobbys schreiben? Liegt bei euch schon viel Schnee? Wir haben leider in diesem Jahr noch gar keinen.

Ich freue mich auf deine Antwort!
Viele liebe Grüße
deine Kathrin

9 Der richtig beschriftete Briefumschlag sollte so aussehen (NN steht für deinen Nachnamen, bei Straße, Postleitzahl und Ort solltest du deine Anschrift eingetragen haben):

> Kathrin NN
> NNstraße Nr.
> Postleitzahl Ort
>
> Brief-
> marke
>
> Svenja Smörjebröd
> Valhällavägen 185
> SE-11553 Stockholm
> Schweden

Seite 6

1

Hallo Tante Christina,	Liebe
danke für deine tolle Einladung zum Skifahren in Oberaudorf.	nette
Ich habe mich echt wohlgefühlt, es war total cool bei euch.	richtig sehr schön
Echt irre, dass ihr so viele Film-DVDs habt. Auch das Skifahren war	Ganz besonders hat mir gefallen
krass. Super, dass Onkel Matthias mir seine Skier geliehen hat.	hat großen Spaß gemacht Vielen Dank
Tschüss Andreas	Viele Grüße Andreas

2 Andreas hat zu Beginn seines Briefes den **Briefkopf (Ort, Datum)** vergessen.

Seite 7

1 a In einer E-Mail an die Tante sind folgende Formulierungen angemessen (und deshalb nicht zu streichen!):

Liebe Tante Christina,
ich denke noch sehr gern an die schöne Zeit bei euch! Das Schlittschuhlaufen auf eurer Eisbahn hat mir viel Spaß gemacht. Fantastisch war auch der Fantasy-Film im Kino. Meine Freunde sind ganz neidisch.
Noch einmal herzlichen Dank für dein Geldgeschenk. Damit habe ich mir einen großen Wunsch erfüllt.

b Verbesserte Beschreibung der Neonfische (Verbesserungen sind unterstrichen):

Ich habe mir zehn Neonfische gekauft, denn sie kosten nicht viel. Diese farbenprächtigen Fische leben in einem Schwarm. Es sieht beeindruckend aus, wenn sie im Verband schwimmen und ihre kräftige Färbung im Wasser schillert. Von der Nase bis zur Flosse sind die Tierchen blaugrün bis türkis und von der Körpermitte bis zur Schwanzflosse leuchten sie hellrot. Nachts verfärbt sich der vordere Körperteil dunkelviolett und das Rot verblasst. In der Natur dient diese Verfärbung zur Tarnung. So können die friedlichen Fische in der Nacht nicht so leicht entdeckt werden. Der Neonfisch gehört zu den Süßwasserfischen. Sein Körper ist kleiner als ein USB-Stick.

c Geeignete Grußformeln für eine E-Mail an die Tante:
Herzliche Grüße – Viele Grüße – Schöne Grüße – Liebe Grüße – Viele liebe Grüße

Tiere beschreiben

Einen Steckbrief zu einem Tier verfassen

Seite 8

1 Beispiellösung: kleines Nagetier, lebt in Parks und im Wald, rotbraun oder schwarz, sammelt Nüsse und Samen aus Tannenzapfen, auffallender Schwanz, sehr flink, guter Kletterer

2 + 4 Beispiellösung für die Beschriftung des Fotos:
- langer, buschiger Schwanz
- Vorderbeine kürzer als die Hinterbeine
- Zehen mit sehr langen Krallen
- Hinterbeine länger und kräftiger als die Vorderbeine
- spitze, behaarte Ohren (im Winter)
- schwarze Knopfaugen seitlich am Kopf
- helle Schnauze mit Tasthaaren
- rotbraunes Fell
- weiße Brust und weißer Bauch

Seite 9

3 Adjektive und Partizipien im Text, die die Beschreibung genauer machen:
putzige – wild lebende – zutraulich – kleinen – schlanken – langen – buschigen – flinken – spitzen – auffällige – länger – kräftiger – geschickten – verkümmert – lange – scharfe – fuchsrote – schwarzbraune – weiß – gleich lang – zierlichen

4 Siehe die Lösungen zu Aufgabe 1.

5 Weitere Informationen aus dem Text:
- Lebensraum: Nadelwälder, Laubwälder, Parks, große Gärten
- Nahrung: Samen von Bäumen, Beeren, Nüsse, Körner, Vogeleier
- Feinde: Marder, Greifvögel, Füchse

6 Beispiellösung für einen Steckbrief:

Steckbrief: Das Europäische Eichhörnchen

Name/Tierart:	Europäisches Eichhörnchen
Größe und Körperbau:	– ca. 25 cm lang – schlank
Aussehen:	– fuchsrotes bis schwarzbraunes Fell, hellere Schnauze mit Tasthaaren, weiße Brust und weißer Bauch – im Winter auffällige Haarbüschel an den Ohren – schwarze Knopfaugen seitlich am Kopf – Hinterbeine länger und kräftiger als die Vorderbeine – lange, spitze Krallen an den Fingern der Pfoten; verkümmerter Daumen, kaum zu sehen – langer, buschiger Schwanz
Lebensraum:	Nadelwälder, Laubwälder, Parks, große Gärten
Nahrung:	Samen von Bäumen, Beeren, Nüsse, Körner, Vogeleier
Feinde:	Marder, Greifvögel, Füchse

Anhand der Checkliste kannst du überprüfen, ob dein Steckbrief gelungen ist:

Einen Steckbrief zu einem Tier verfassen

- Habe ich den **Namen** und ggf. die **Tierart** genannt?
- Habe ich die **ungefähre Größe** angegeben?
- Habe ich das **Aussehen** mit anschaulichen Adjektiven genau beschrieben?
- Bin ich auf **besondere Merkmale** (z. B. im Verhalten) eingegangen?

Bei wild lebenden Tieren:
- Habe ich Angaben zum **Lebensraum** gemacht?
- Wurde die **Nahrung** genau beschrieben?
- Habe ich **Feinde** des Tiers genannt?

Generell gilt:
- Erscheinen die Angaben in einer **sinnvollen Reihenfolge?**
- Habe ich die **Rechtschreibung** überprüft?

Eine Suchanzeige für ein Tier schreiben

Seite 10

1 b Passende Informationen:
- Körperbau: mittelgroß und muskulös
- Fellfarbe: cremefarben
- Schwanz: gerade (*außerdem zutreffend:* kräftig)
- Augenfarbe: braun
- Schnauze: kräftig
- besondere Kennzeichen: schwarzer Fleck auf der Zunge

Seite 11

2 Angaben aus dem Text, die man in der Suchmeldung verwenden kann:
mittelgroßer, muskulös gebauter Hund mit breitem Schädel – haselnussfarbene Augen – große Nase – kräftiger Kiefer – starker Hals – breiter Brustkorb – gerader Rücken – Pfoten weisen eine rundliche Form auf (Katzenpfoten) – dicker, rundherum mit kurzem Fell bedeckter Schwanz – „Otterrute" – kurzes, dichtes, wasserabweisendes Fell – einfarbig – Gelb bis zu einem fast weißen Beige – bis zu 57 cm hoch – bis zu 40 kg schwer – gehorsam – freundlichen Wesens – geduldige, gutmütige und kinderliebe Familienhunde

3 Die folgenden Formulierungen sind **ungeeignet,** du solltest sie **gestrichen** haben:
- ... ist abgehauen!
- Gestern ist ... verschwunden.
- Unser Hund ist ein Golden Retriever ...
- Wir rufen unseren Liebling ...
- Ich habe ihn zu meinem 6. Geburtstag ...
- Er reicht mir fast bis zur Hüfte.
- Fett ist er nicht gerade, aber ...
- Er hat fast die gleiche Fellfarbe wie Tonis Hund ...
- Ben ist total normal ...
- Er ist voll lieb und verschmust!
- Ruft mich sofort an!
- Guckt euch genau um!

4 Beispiellösung für die Suchmeldung:

Labrador Ben vermisst!

Am 3. März ist unser Hund in der Gartenstadt Johanneskirchen entlaufen.
- Es handelt sich um einen Labrador.
- Er hört auf den Namen Ben.
- Ben wird demnächst sechs Jahre alt.
- Seine Schulterhöhe beträgt 55 cm und er wiegt ca. 38 kg.
- Wie alle Labradore besitzt Ben einen kräftigen, muskulösen Körper mit einer breiten Brust. Auf dem starken Hals sitzt ein breiter Schädel mit haselnussfarbenen Augen, einer großen Schnauze und einem kräftigen Kiefer. Auffallend wirkt der dicke, gerade Schwanz („Otterrute").
- Das kurze, dichte Fell schimmert cremefarben.
- Zu erkennen ist Ben an einem schwarzen Fleck auf der Zunge.
- Unser Familienhund besitzt ein gutmütiges, freundliches Wesen. Er liebt andere Tiere und Kinder.

Falls Sie Ben sehen, geben Sie uns bitte Bescheid: Familie Leitner, 0151 123 45 67 89 oder 0151 98 76 54 321
Vielen Dank für Ihre Hilfe!

Anhand der Checkliste kannst du überprüfen, ob deine Suchanzeige gelungen ist:

Eine Suchanzeige für ein Tier schreiben

- Habe ich eine **Überschrift** formuliert?
- Gibt es einen **Einleitungssatz,** in dem steht, wann welches Tier entlaufen ist?
- Habe ich das Tier in einer **sinnvollen Reihenfolge genau beschrieben** (Tierart, Name, Alter, Größe/Gewicht, Kopf- und Körperform, Farbe)?
- Beinhaltet meine Beschreibung **besondere Kennzeichen** und Auffälligkeiten?
- Steht am Ende eine **Kontaktadresse oder Telefonnummer?**
- Habe ich am Schluss einen **Dank** formuliert?
- Enthält meine Beschreibung **passende Adjektive** für Farben und Körperformen?
- Habe ich meine Beschreibung im **Präsens** (Gegenwartsform) verfasst?
- Habe ich darauf geachtet, nicht immer nur *ist/sind* und *hat/haben* zu verwenden?
- Habe ich **Rechtschreibung** und **Zeichensetzung** geprüft?

Erzählen

Seite 12

1 a + b Beispiellösungen: Supermarkt, Einkaufswagen, Dosenpyramide stürzt ein, peinlich – Kleiderkauf in Berlin, großes Kaufhaus, Mutter verschwunden, Akku leer, Namen des Hotels vergessen, Frage an Verkäuferin, Mutter war auf der Toilette – Elektroabteilung, Mutter schaut nach neuer Kaffeemaschine, Sohn gelangweilt, Konsolenspiele, Kaufhausdetektiv hält ihn fest, Mutter erklärt Situation

Seite 13

2 Er-/Sie-Erzählform

3 a + b Richtige Zuordnung im Schreibplan:
1. Nela darf neue Kleidung aussuchen → freut sich: Freundinnen werden Augen machen!
2. Probiert Pullis an → überwältigt von dem großen Angebot
3. Mutter plötzlich weg → macht sich zunächst keine Gedanken
4. Schaut sich um → wird etwas unruhig
5. Will telefonieren, Akku leer → ärgert sich, überlegt

6. Namen des Hotels vergessen → unsicher, leichte Panik, Tränen
Ausgang:
Mutter kommt um die Ecke, war auf der Toilette → Erleichterung

Seite 14

4 Richtige Zuordnung der Lehrerkommentare zu den Erzählsituationen:
A Zu langweilig, Leser wird nicht veranlasst weiterzulesen.
B Du fällst mit der Tür ins Haus, beteiligte Personen werden nicht genannt, Neugier wird geweckt.
C Situation knapp erklärt, Neugier geweckt *(eine gute Darstellung der Erzählsituation)*
D Thema nicht beachtet (Mutter!), Abschweifung mit überflüssigen Einzelheiten

5 a + b Richtige Zuordnung (für Nelas Geschichte geeignete Gefühle sind unterstrichen):
- Aufregung: nervös – stottern – angespannt – Kloß im Hals – aufgelöst – hektisch – das Herz pocht bis zum Hals – unruhig – aufgeregt – weiche Knie bekommen – feuchte Hände bekommen
- Freude: strahlen – glänzende Augen – sich freuen wie ein Schneekönig – fröhlich – vor Freude in die Luft springen – sich wie im siebten Himmel fühlen
- Erleichterung: Tränen der Erleichterung – aufatmen – beruhigt – froh – jemandem fällt ein Stein vom Herzen

Seite 15

6 Beispiele für Selbstgespräche:
- „Wo steckt Mama? Na, sie wird schon wiederkommen!“
- „Warum habe ich nur vergessen, das Handy aufzuladen?“
- „Hätte ich mir doch den Namen des Hotels aufgeschrieben!“

Beispiele für Nelas Gespräche mit anderen (Kunden, Verkäuferinnen):
- „Haben Sie eine schmale Frau mit kurz geschnittenen braunen Haaren gesehen? Sie trägt einen orangefarbenen Mantel und blaue Stiefel.“
- „Ich suche meine Mutter. Gibt es hier irgendwo eine Information?“

Seite 16

7 So wirkt Michas Text anschaulich und lebendig:
[...] Während sich meine Mutter endlos über verschiedene Kaffeemaschinen informierte, ~~ging~~ schlenderte ich gelangweilt zu den Spielekonsolen. Dort ~~sah~~ entdeckte ich zahlreiche Spiele, die ich noch nicht ~~hatte~~ besaß. Begeistert nahm ich eines nach dem anderen aus dem Regal und ~~sah nach~~ prüfte, welche neuen Funktionen es gab. Ich war so gefesselt, dass ich ringsumher ~~nichts mehr sah~~ alles vergaß. Plötzlich fühlte ich eine schwere Hand auf meinem Arm. „Was hast du denn vor?“, ~~sagte~~ erkundigte sich ein breitschultriger Mann. ~~Ich bekam Angst~~. Mir wurde eiskalt. „Ni... nichts ...“, ~~sagte~~ stotterte ich, wandte mich eilig ab und wollte ~~weggehen~~ fliehen. Aber der Kerl hielt mich fest! [...]

8 Beispiellösung für abwechslungsreiche Satzanfänge und sinnvolle Satzverknüpfungen:
Viel zu schnell kam Jonas mit dem Einkaufswagen um die Ecke. Dabei übersah er eine Pyramide aus Tomatendosen. Der Wagen streifte einige Büchsen, sodass der gesamte Stapel mit ohrenbetäubendem Lärm in sich zusammenkrachte. Jonas erschrak fürchterlich und dachte im selben Moment: „Ist das peinlich!“ Vor lauter Scham bekam er einen hochroten Kopf.

Seite 17

9 Richtige Zuordnung:
A rundet die Geschichte ab.
B lässt Fragen offen
C überrascht und unterhält die Leser/-innen, erklärt das Ereignis

10 Eine geeignete und zwei ungeeignete Überschriften für Nelas Geschichte:
A [ ] Glückliches Wiedersehen: ungeeignet, verrät zu viel, macht nicht neugierig
B [ ] Ende gut, alles gut: ungeeignet, verrät zu viel, macht nicht neugierig
C [X] Shopping mit Hindernissen: geeignet, passt zur Situation, macht neugierig, gibt einen Hinweis auf den Konflikt

11 Beispiellösung für einen vollständigen (und sehr ausführlichen) Aufsatz über Nelas Erlebnis:

Shopping mit Hindernissen

Dass ein Kaufhausbesuch auch aufregend sein kann, erlebte Nela in ihrem Sommerurlaub in Berlin.
An einem Tag besuchte sie mit ihrer Mutter ein großes Kaufhaus. Diese ermunterte das Mädchen: „Such dir einen schönen Pullover aus.“ „Und vielleicht eine neue Jeans?“, hakte Nela sofort nach. Ihre Freundinnen würden Augen machen: Kleider aus Berlin! Sie probierte unzählige Pullis an. Ein solches Angebot hatte sie noch nie gesehen! Doch als sie wieder

einmal aus der Umkleidekabine kam, war ihre Mutter weg. Nela dachte sich nichts dabei und schlenderte unbekümmert zu den Hosen. Nachdem sie zwei Jeans anprobiert hatte, wurde ihr doch langsam unbehaglich zumute. „Mama wird sicher gleich wiederkommen", machte sie sich selbst Mut. Ratlos drehte sie sich hin und her. Die hohen Verkaufsständer und zahlreiche Menschen versperrten ihr jedoch die Sicht. Da kam dem Mädchen eine Idee: „Ich kann sie doch anrufen!" Nela nahm das Handy und erschrak: Der Akku war leer! Ärgerlich schimpfte sie mit sich selbst: „Wieso habe ich nur nicht besser aufgepasst?" Aber ihre Zuversicht siegte: Dann musste sie sich wohl allein auf den Rückweg machen. Doch o Schreck! Sie hatte tatsächlich den Namen des Hotels vergessen. Nun wurde Nela nervös. Sie spürte einen dicken Kloß im Hals und merkte, dass ihr Tränen in die Augen stiegen. Doch da entdeckte das Mädchen eine Verkäuferin und fragte entschlossen: „Entschuldigen Sie, haben Sie vielleicht eine dunkelhaarige Frau mit einem orangefarbenen Mantel und blauen Stiefeln gesehen?"
In diesem Moment eilte ihre Mutter um die Ecke und schimpfte: „Wo steckst du denn? Ich habe dir doch gesagt, dass ich zur Toilette gehe und du bei den Pullovern auf mich warten sollst!" Erleichtert atmete Nela auf. Sie erwiderte lieber nichts.

Mit der folgenden **Checkliste** kannst du überprüfen, ob deine Erzählung gelungen ist:

Erzählen

Passt die **Überschrift** zum Aufsatz, weckt sie Neugier?

Ist die **Erzählsituation** zu Beginn gut dargestellt (z.B. Figuren, Zeit, Ort)?
- Wird Neugier geweckt, zum Beispiel durch Hinweise auf den Erzählkern oder den Konflikt?

Habe ich die Darstellung des **Ereignisses** sinnvoll aufgebaut?
- Sind mindestens drei oder vier Erzählschritte vorhanden?
- Ist die Reihenfolge der Erzählschritte logisch und sinnvoll?

Habe ich einen passenden **Ausgang** der Geschichte gefunden?
- Rundet er zum Beispiel die Geschichte sinnvoll ab, erklärt er das Ereignis, überrascht er die Leser/-innen oder lässt er Fragen offen?

Erzähle ich **anschaulich und abwechslungsreich?**
- Habe ich treffende Verben und anschauliche Adjektive verwendet?
- Habe ich Gefühle und Gedanken der Figuren berücksichtigt?
- Habe ich wörtliche Rede so eingesetzt, dass sie die Handlung weitertreibt?
- Sind die Satzanfänge abwechslungsreich?
- Habe ich unterschiedliche Satzarten (Ausrufe, Fragesätze usw.) eingesetzt?
- Erzähle ich im Präteritum?
- Habe ich die Erzählform durchgehalten: Ich-Erzählform oder Er-/Sie-Erzählform?

Nach Vorgaben erzählen

Seite 18 + 19

Zu einer Bildergeschichte erzählen

1 + 2 Beispiellösung für einen Schreibplan:

Bild 1:	Zwei Kinder (Junge, Mädchen) saßen vor Fernseher, Eltern verabschiedeten sich
Mögliche Verbindung zwischen Bild 1 und 2:	Kinder fielen todmüde ins Bett, schliefen
Bild 2:	Katze sprang vom Fensterbrett, Krach
Bild 3:	Kinder schreckten auf, befürchteten Einbrecher
Mögliche Verbindung zwischen Bild 3 und 4:	Kinder krabbelten aus ihren Betten, schlichen zum Flur
Bild 4:	vorsichtig auf dem Weg ins Erdgeschoss
Mögliche Verbindung zwischen Bild 4 und 5:	etwas huschte vorbei, Schatten
Bild 5:	Eltern kamen nach Hause, Auflösung: Katze machte Krach

3 a Am besten passt die Überschrift: Geheimnisvolle Geräusche

4 Notizen zur Erzählsituation (Beispiellösung):

Wer?	Junge = Oliver, Mädchen = Eva, Eltern der beiden
	Er-/Sie-Erzählform
Wann?	An einem Abend
Wo?	Im Haus der Familie
Neugier wecken:	Zunächst verlief der Abend wunderbar. Aber Eva war doch etwas mulmig zumute.

Seite 20

5 Mögliche Gefühle und Gedanken, Ängste und Fragen der Kinder – Beispiele:
„Ich hab fürchterliche Angst.“ – „Hoffentlich ist kein Einbrecher im Haus!“ – „Mir schlottern die Knie.“ – „Hoffentlich passiert uns nichts.“ – „Warum sind unsere Eltern noch nicht zu Hause?“ – „Ob Eva auch so große Angst hat?“

6 a + b So sieht der Textausschnitt mit abwechslungsreichen Satzanfängen (markiert) und in der richtigen Tempusform (Präteritum, hier unterstrichen) aus:
Leise und vorsichtig schlichen sie zur Treppe. „Ich kann nichts erkennen“, flüsterte Eva. Gerade wollte Oliver ihr antworten, dass er auch nichts sehen konnte, als plötzlich etwas an ihnen vorbeihuschte. Oliver stotterte: „Wa... was war das?“ Da tauchte im fahlen Mondlicht im Erdgeschoss ein Schatten an der Wand auf. Die Kinder erstarrten. In diesem Moment klapperte es an der Eingangstür.

7 Ob du beim Verfassen deiner Bildergeschichte richtig vorgegangen bist, kannst du mit der **Checkliste zum Erzählen** auf S. 8 in diesem Lösungsheft überprüfen.
Außerdem musst du beim **Erzählen zu einer Bildergeschichte** auf Folgendes achten:

Erzählen zu einer Bildergeschichte

- Habe ich die Bilder genau ausgewertet?
- Habe ich die auf den Bildern dargestellten Handlungsschritte in meine Erzählung übernommen?
- Habe ich sie logisch miteinander verknüpft, indem ich davor, dazwischen und danach sinnvolle Handlungsschritte oder Überleitungen ergänzt habe?
- Gebe ich die Gedanken und Gefühle der Figuren wieder?

Hier findest du ein Beispiel für eine Erzählung zu der Bildergeschichte:

Geheimnisvolle Geräusche

„Kein Problem, geht nur“, meinte Oliver selbstbewusst, als sich die Eltern verabschiedeten. Diese waren bei den Nachbarn eingeladen und die Geschwister durften zum ersten Mal abends alleine bleiben. Aber Eva war doch etwas mulmig zumute.
Zunächst verlief der Abend wunderbar. Die Kinder schauten einen Film und aßen Popcorn. Viel später als sonst liefen sie die Treppe hinauf und fielen todmüde ins Bett. Schnell schliefen beide tief und fest.
Plötzlich ließ ein Poltern die Geschwister hochschrecken. „Was war das?“, flüsterte Eva mit zittriger Stimme. „Keine Ahnung, das klang unheimlich. Hoffentlich ist kein Einbrecher im Haus“, wisperte der Junge. Fast lautlos krabbelten die Kinder aus ihren Betten. Als die Matratze leise quietschte, fuhren sie zusammen und tauschten ängstliche Blicke. Mit weichen Knien bewegten sie sich auf Zehenspitzen zur Zimmertür. Der Flur lag stockdunkel da, kein Laut war mehr zu vernehmen. Leise und vorsichtig schlichen sie zur Treppe. „Ich kann nichts erkennen“, flüsterte Eva. Gerade wollte Oliver ihr antworten, dass er auch nichts sehen konnte, als plötzlich etwas an ihnen vorbeihuschte. Oliver stotterte: „Wa... was war das?“ Da tauchte im fahlen Mondlicht im Erdgeschoss ein Schatten an der Wand auf. Die Kinder erstarrten.
In diesem Moment klapperte es an der Eingangstür. Ihre Eltern traten in den Hausflur und knipsten das Licht an. „Was ist denn hier los?“, fragte die Mutter ungehalten. Da erkannten die Geschwister Mimi, ihre getigerte Katze, die nun ganz unschuldig auf dem Sofa saß. Sie war zuvor vom Fensterbrett des Kinderzimmers gesprungen und hatte dabei den Lärm verursacht. Erleichtert seufzte Eva: „Oh, Mimi, du hast uns einen echten Schrecken eingejagt!“

Seite 21

Zu Reizwörtern erzählen

1 Dein Cluster zum Reizwort „Zeltlager“ könnte beispielsweise folgende Begriffe enthalten: spielende Kinder – Küchenzelt – Bäume – Wiese – Waldlichtung – Bänke um das Lagerfeuer – Mast mit Fahne – Bach/Fluss usw.

2 Reizwort „Nachtwache" – Mögliche Antworten auf die W-Fragen:
Wer übernahm die Nachtwache? Mein Freund Marc und ich
Wann begann die Nachtwache und wann endete sie? Mitternacht; 2,5 Std. = bis 2.30 Uhr
Wo musste der Wachposten stehen? Am Waldrand, etwas abseits des Zeltplatzes
Was passierte während der Nachtwache? Lautes Rascheln ängstigte die Wachposten; Gruppenleiter kam leise dazu; die Wachen bemerkten ihn nicht und erschraken.

Seite 22

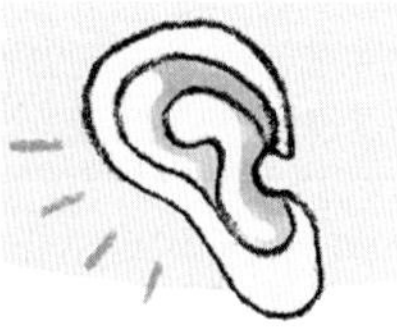

3 a Mit diesem Sinn wird das laute Rascheln wahrgenommen:
b Weitere Beispiele, was mit diesem Sinn (Hören) während dieser Nacht wahrgenommen werden könnte:
Tierrufe (Käuzchenruf, Hundebellen usw.), leise Schritte, abbrechende Äste, Knistern des Lagerfeuers usw.
c Wahrnehmungen mit anderen Sinnen in dieser Nacht (Beispiele):
Riechen: z. B. Feuer, Duft des feuchten Waldbodens, Geruch modrigen Laubs ...
Fühlen: z. B. Gänsehaut, Kribbeln am Rücken, nervöse Bauchschmerzen ...

4 Schreibplan (Beispiellösung):

Erzählsituation:	
Wer?	Jugendgruppe, ich, mein Freund Marc, Gruppenleiter Christian
Wann?	Pfingstferien, Nachtwache ab Mitternacht
Wo?	Zeltlager, Waldlichtung
Ereignis:	
Was ist passiert?	Zeltlagerverlauf zwei Tage normal; in der dritten Nacht ab Mitternacht Nachtwache von Marc und mir; Aufregung und ein wenig Angst; Knacken von Zweigen, lautes Rascheln, Unruhe; Verlust der Taschenlampe, plötzlich Hand auf meiner Schulter, riesiger Schrecken; es war die Hand von Christian
Ausgang:	Gruppenleiter blieb bei uns

5 + 6 Für den Aufbau und das Verfassen einer Reizwortgeschichte gelten die gleichen Hinweise wie für jede Erzählung. Ob du beim Schreiben deiner Reizwortgeschichte richtig vorgegangen bist, kannst du mit der **Checkliste zum Erzählen** auf S. 8 in diesem Lösungsheft überprüfen. Außerdem musst du aber auf Folgendes achten:

Zu Reizwörtern erzählen

- Reizwörter müssen in der Geschichte sinnvoll verwendet werden.
- Achte genau auf die Aufgabenstellung: Oft dienen einige Reizwörter nur als Denkanstoß und du kannst auswählen, welche du für deine Geschichte verwenden möchtest.

Hier findest du ein Beispiel für eine Erzählung zu den Reizwörtern Zeltlager – Nachtwache – lautes Rascheln mit einer Überschrift, die Neugier weckt, aber noch nicht zu viel verrät:

Unheimliche Nachtwache

Das Zeltlager während der letzten Sommerferien war wunderbar. Den ganzen Tag durchstreifte ich mit den anderen Teilnehmern den Wald oder wir machten mit den Gruppenleitern Spiele. Alles verlief ohne Zwischenfall. Allerdings sollte eine Nacht weniger angenehm werden!
Jeden Abend wurden mehrere Teams für die Nachtwache des Lagers eingeteilt. Am dritten Tag waren auch mein Freund Marc und ich an der Reihe. Kurz vor Mitternacht kam unser Gruppenleiter Christian leise ins Zelt und weckte uns. Wir sollten nun die Nachtwache am Waldrand übernehmen. Selbstbewusst marschierten wir los. Es war stockfinster, man konnte kaum die Hand vor den Augen erkennen. Ständig hörte man Geräusche aus dem Wald, ein Käuzchen rief und einmal glaubte ich, ein Reh oder einen Hirsch zu erspähen. Langsam wurde mir doch etwas mulmig zumute. „Ha... hast du das gehört?", stotterte Marc plötzlich. Ich fuhr herum und wollte gerade meine Taschenlampe einschalten, als mich ein lautes Rascheln zusammenzucken ließ. Vor Schreck ließ ich meine Lampe fallen und sie rollte weg. „O nein!", jammerte ich und tastete vergeblich am Boden herum. Plötzlich knackte es wieder neben uns. „Arrrrgh!", schrien wir beide. „Was war das?", wisperte Marc. In diesem Augenblick spürte ich eine Hand auf meiner Schulter. Mir blieb fast das Herz stehen und ich dachte, dass mein letztes Stündchen geschlagen hat. „Warum brüllt ihr so herum? Ihr weckt ja alle auf", flüsterte mir Christian ins Ohr. „Mein Gott, hast du uns erschreckt!", stöhnte Marc. „Ich wollte nur nach euch sehen", erklärte unser Gruppenleiter.
O Mann, war uns das peinlich. Christian grinste nur und blieb den Rest der Nachtwache bei uns.

Märchenmerkmale erkennen, ein Märchen weitererzählen

Seite 23

1 a

Merkmale des Märchens	Beispiele
Märchen beginnen und enden meist mit den typischen Märchenformeln.	„Es war einmal ...", „Und wenn sie nicht gestorben sind, dann leben sie noch heute."
Ort und Zeit der Handlung sind nicht genau festgelegt.	„über den sieben Bergen ...", „im Wald" usw. „es war einmal ...", „vor langer Zeit" usw.
Es treten typische Figuren und fantastische Gestalten auf.	**typische Figuren:** Königin und König, Prinz und Prinzessin, Kinder, Handwerker, Bauern usw. **fantastische Gestalten:** sprechende Tiere, Feen, Hexen, Zwerge, Riesen, Drachen, Zauberer usw.
Häufig spielen magische Zahlen (3, 7, 12) eine Rolle.	„drei Wünsche", „sieben Zwerge", „zwölf Riesen" usw.
Der Held/Die Heldin muss oft Prüfungen bestehen oder Aufgaben erfüllen (z. B. drei).	Im Märchen „Die weiße Schlange" vollbringt der Diener drei gute Taten. In „Der Teufel mit den drei goldenen Haaren" beantwortet die Hauptfigur drei Fragen.
Es gibt (magische) Verse oder (Zauber-)Sprüche, die sich mehrmals wiederholen.	„Ach wie gut, dass niemand weiß, dass ich Rumpelstilzchen heiß!" „Spieglein, Spieglein, an der Wand, wer ist die Schönste im ganzen Land?"
Im Märchen geschehen wundersame Dinge, wie sie in der Wirklichkeit nicht vorkommen können. Die Naturgesetze werden außer Kraft gesetzt.	Tiere können sprechen, es gibt magische Gegenstände (z. B. Wundertisch, Zauberkästchen), Zauberei, ein Berg kann sich öffnen.

Seite 24

b Gegensätze, die in Märchen aufeinandertreffen:
stark/schwach – arm/reich – winzig/riesig – geizig/großzügig – tapfer/feige – schlau/dumm

c Märchenfiguren mit ihren typischen Eigenschaften (Beispiele):
die böse Hexe, die schöne Königstochter, der fleißige Geselle/Handwerker, die hinterlistige (oder böse) Stiefmutter, der arme Witwer, der junge Königssohn, der reiche König usw.

Seite 25

2 Merkmale des Märchens in „Simeliberg" der Brüder Grimm (die solltest du unterstrichen haben):
- unbestimmter Ort: Wald (Z. 5), Berg (Z. 6) – unbestimmte Zeit: „Es waren ..." (Z. 1), „Einmal" (Z. 5)
- Gegensatz zwischen Arm und Reich (Z. 1)
- typische Eigenschaften der Figuren: guter, armer Bruder, geiziger, reicher Bruder (Z. 1 f.), Not leidende Familie des Armen (kein Brot, Z. 4), zwölf wilde Männer (Räuber?) (Z. 8)
- magischer Zauberspruch öffnet und schließt den Berg: „Berg Semsi, Berg Semsi, tu dich auf!" (Z. 12 f.), „Berg Semsi, Berg Semsi, tu dich zu!" (Z. 18)
- Aufhebung der Naturgesetze: Berg, der sich öffnet
- magische Zahl: zwölf wilde Männer

Seite 25

Ein Märchen weiterschreiben

1 Folgende Informationen, die für die Fortsetzung des Märchens gebraucht werden, solltest du grün markiert haben:
zwei Brüder – reich – arm – Der Reiche aber gab dem Armen nichts – für seine Frau und Kinder kein Brot – Einmal – großen, kahlen Berg – zwölf Männer gingen aber vor den Berg und riefen: „Berg *Semsi,* Berg *Semsi,* tu dich auf!" – schwere Säcke – „Berg *Semsi,* Berg *Semsi,* tu dich zu!" – neugierig, was wohl im Berg Heimliches verborgen wäre

2 Figuren, die im Märchenanfang eine Rolle spielten:

Wer war die Hauptfigur?	armer Mann
Wie lebte sie?	in sehr armen Verhältnissen mit wenig Essen
Wer gehörte noch zur Familie?	reicher, geiziger Bruder; Frau und Kinder des Armen
Welche Figuren kamen noch vor?	zwölf wilde Männer (Räuber)

3 a Mögliche Stichpunkte zu den einzelnen Absätzen:
Absatz 1: Hauptfiguren: Armer mit reichem Bruder
Absatz 2 (ab Z. 5): Der Arme sah einen großen Berg und versteckte sich vor zwölf wilden Männern.
Absatz 3 (ab Z. 12): Die zwölf Männer betraten mit Hilfe eines Zauberspruchs den Berg und trugen anschließend Säcke davon.
Absatz 4 (ab Z. 21): Der Arme wurde neugierig.
b Das Ende der Textvorlage kann man z. B. so formulieren:
Als die zwölf wilden Männer verschwunden waren, kam der Arme aus seinem Versteck und wollte wissen, welches Geheimnis sich in dem Berg verbarg.

Seite 26

4 a Beispiellösung für die Ideensammlung (hier findest du zu manchen Fragen mehrere Ideen!):
- Was unternahm der Arme, als die zwölf Räuber verschwunden waren? Er wollte herausfinden, welches Geheimnis sich in dem Berg verbarg, und ging mit Hilfe des Zauberspruchs hinein.
- Was könnte sich in dem Berg befunden haben? Ein Schatz / eine glitzernde Wand aus Edelsteinen / Säcke voll Gold
- Änderte sich für den Armen und seine Familie das Leben? Die Familie wurde reich und hatte genügend zu essen.
- Gab es magische Kräfte, Wesen, Gegenstände oder Verse? Der Berg ließ sich mit Hilfe des magischen Zauberspruchs öffnen.
- Was unternahm der reiche Bruder? Er wurde neidisch und wollte herausfinden, wie der arme Bruder zu seinem Wohlstand kam. Beim Betreten des Bergs wurde er von den Räubern ertappt. / Er gelangte in den Berg und vergaß den Zauberspruch, blieb sieben Tage gefangen.
- Gab es vielleicht Prüfungen, die bestanden werden mussten? Vielleicht fand der Bruder nicht mehr aus dem Berg heraus und versuchte dreimal, hinauszukommen. Die Räuber stellten Prüfungen/Aufgaben.
- Warum trägt das Märchen den Titel „Simeliberg"? Der Räuberhauptmann hieß Simeli. / Der Reiche wusste für den Zauberspruch den Namen des Bergs nicht mehr und nannte ihn „Simeliberg".
- Wie könnte das Märchen auf ein glückliches Ende hinauslaufen? Der ehemals Arme lebte mit seiner Familie glücklich und zufrieden, der ehemals Reiche musste als armer Mann leben. / Die Räuber ließen den reichen Bruder wieder frei. Aber sie stellten die Bedingung: Der arme und der reiche Bruder müssen sich vertragen. / Der Reiche konnte fliehen und wurde aus Dankbarkeit ein guter Mensch.

b Der **Schreibplan** für eine Fortsetzung des Märchens könnte z. B. so aussehen (hier ist jeweils die erste Idee aus Aufgabe 4 a aufgenommen):

Titel:	Simeliberg
Figuren:	Armer und reicher Bruder, zwölf Räuber, Frau und Kinder des Armen
Handlung der Fortsetzung:	– Der Arme ging mit Hilfe des Zauberspruchs in den Berg hinein. – Im Berg: ein Schatz – Dreimal Besuch des Berges, Familie des Armen wurde satt und reich. – Reicher Bruder wurde neidisch. – Redete auf den Bruder ein, dieser verriet das Geheimnis – Reicher gelangte in den Berg, fand den Schatz; da kamen die Räuber mit Anführer Simeli; Eindringling versteckte sich, wurde entdeckt, fürchtete um sein Leben – Räuber stellten Bedingung: sein ganzes Hab und Gut
Schluss:	Der ehemals Arme lebte zufrieden, der böse Bruder lebte verarmt.

5 Nach dem Schreiben kann die Fortsetzung des Märchens mit der folgenden Checkliste überprüft werden:

Ein Märchen fortsetzen

Inhalt der Märchenfortsetzung:
- Habe ich die Vorgaben aus dem Märchenanfang aufgegriffen und sinnvoll ergänzt?
- Muss der Held z. B. weitere Aufgaben erfüllen?
- Haben die Figuren gegensätzliche Eigenschaften?
- Passiert etwas Wundersames, das in der wirklichen Welt nicht vorkommt?
- Ist die Handlung dennoch nachvollziehbar?
- Spielen magische Zahlen eine Rolle?
- Gibt es magische Sprüche oder Reime?
- Schafft der Held es, die Aufgabe(n) zu erfüllen? Welchen „Lohn" bekommt er dafür?
- Gibt es einen magischen Gegenstand oder ein Lebewesen, der bzw. das ihm hilft?
- Endet das Märchen mit einer typischen Formel?

Sprachliche Gestaltung der Märchenfortsetzung:
- Sind die einzelnen Teile logisch miteinander verbunden?
- Habe ich auf Satzverknüpfungen geachtet?
- Habe ich zur Auflockerung wörtliche Rede eingebaut?

- Veranschaulichen Adjektive die Figuren und die Situation?
- Ist die Sprache märchengerecht?
- Habe ich das Präteritum verwendet?
- Habe ich die Rechtschreib- und Zeichensetzungsregeln berücksichtigt?

Bei der Fortsetzung des Märchens sind sehr verschiedene Lösungen möglich. Hier findest du ein sehr ausführliches Beispiel. Beachte, dass eine weniger umfangreiche Fortsetzung auch sehr gut sein kann.

Simeliberg (Fortsetzung des Märchens)

... Also ging er nah an den Felsen und sprach, wie er es gehört hatte: „Berg *Semsi*, Berg *Semsi*, tu dich auf!“ Alsbald tat sich der Berg in der Mitte auseinander und der Arme trat hinein und schloss den Fels hinter sich mit dem zweiten Spruch. Er befand sich in einer Höhle und entdeckte in einer Ecke eine große Truhe. Zögernd öffnete er diese und war sprachlos. Vor ihm lagen funkelnde Edelsteine und zahllose Goldmünzen. Der Arme überlegte nicht lange und füllte sich die Hosentaschen mit Goldstücken. Darauf verschloss er die Truhe und verließ mit Hilfe der Sprüche den Berg.
Der Arme kehrte nach Hause zurück und besorgte warme Decken und neue Kleidung für seine Familie. Die Frau und die Kinder freuten sich sehr, dass sie fortan nicht mehr frieren mussten.
Der Arme besuchte den Berg ein zweites Mal. Danach besorgte er Obst, Gemüse, sieben Ziegen und drei Schweine. Die Frau und die Kinder freuten sich sehr, dass sie fortan nicht mehr hungern mussten.
Der arme Bruder ging noch ein drittes Mal zu dem Berg, und als er so viel an Schätzen hatte, wie er, seine Frau und seine Kinder für ein Leben ohne Armut und Hunger brauchten, ließ er es genug sein.
Der Reiche aber wurde neidisch auf den plötzlichen Wohlstand seines Bruders und redete so lange auf ihn ein, bis dieser ihm sein Geheimnis verriet. Darauf begab sich der reiche Bruder zu dem kahlen Berg.
Er ging ganz nah an den Fels heran und sprach: „Berg *Semsi*, Berg *Semsi*, tu dich auf!“ Alsbald tat sich der Berg in der Mitte auseinander und der Reiche trat hinein, und als er drin war, schloss sich der Fels. Auch der Reiche entdeckte die Schatztruhe. Doch gerade als er sie öffnen wollte, hörte er Stimmen. Er bekam es mit der Angst zu tun und versteckte sich hinter einem Felsvorsprung. Die Räuber betraten die Höhle, und schon bald bemerkte einer der zwölf Männer, dass aus der Truhe einiges fehlte. Er rief dem Anführer zu: „Simeli, sieh dir das an! Jemand hat von unserem Schatz gestohlen!“ Der Räuberhauptmann schrie, dass es im Berg nur so hallte: „Wer wagt es, uns zu berauben? Wenn wir den Dieb erwischen, kann er was erleben!“ Da sprang der Reiche aus seinem Versteck und rannte so schnell er nur konnte zum Ausgang des Berges. Dieser aber war verschlossen und die Räuber bekamen den Eindringling zu fassen: „Du Dieb, du hast unseren Schatz gestohlen!“ Der Reiche entgegnete: „Aber nein, das war mein Bruder! Ich bin unschuldig!“ Die Räuber glaubten ihm nicht und verlangten, dass er ihnen sein ganzes Hab und Gut überlässt. Der Reiche fürchtete um sein Leben und tat, wie ihm geheißen. Er wurde arm wie eine Kirchenmaus. Sein Bruder und seine Familie aber lebten glücklich und zufrieden bis an ihr Lebensende.

Wenn du wissen möchtest, wie das Märchen bei den Brüdern Grimm weitergeht, kannst du im Märchenbuch nachlesen.

Sachtexte verstehen

Seite 27

Dörte Eppelin: Der Tag des Waldes

1 Beispiel: In dem Text geht es um den Tag des Waldes und um die weltweite Zerstörung der Wälder, weil aus dem Holz u. a. Papier hergestellt wird.

Seite 28

2 Mögliche Worterklärungen:
Welternährungsorganisation (Z. 5): Organisation, die sich um die Ernährung aller Menschen auf der Erde kümmert – Rückzugsgebiet (Z. 14 f.): Raum, wohin sich Tiere zurückziehen können – Kohlendioxid (Z. 16): ungesunder Stoff in der Luft – Sauerstoff (Z. 17): lebensnotwendiger Stoff in der Luft – Regenwald (Z. 27 f.): Urwald

3 Mögliche Schlüsselstellen zu den Fragen A bis E:
A Welternährungsorganisation FAO – B Probleme des Waldes – C Wald schützt, Lebensraum, säubert – D Jedes Jahr, Zustand des Waldes geprüft – E bedenklicher, Regenwälder, unwiederbringlich zerstört

4 1 Tag des Waldes – 2 Bedeutung des Waldes – 3 Zustand des Waldes in Deutschland – 4 Wälder weltweit

5 A richtig (vgl. Z. 1) – B falsch (vgl. Z. 10–12) – C steht nicht im Text – D richtig (vgl. Z. 27–34)

6 Beispiele:
A Welche Baumsorte ist in Deutschland am meisten geschädigt?
B Weshalb ist die Lage in den Regenwäldern noch bedenklicher?

7 a Täglich werden 270 000 Bäume für Hygienepapier gefällt.
b Der Papierverbrauch hat weltweit stark zugenommen: 2015 wurden 310 Mio. Tonnen Papier mehr verbraucht als 1970, mehr als dreimal so viel.

Seite 29

Dörte Eppelin: Der Weltwassertag

1 Beispiellösung: Der Text macht anlässlich des Weltwassertags auf die Bedeutung des Wassers für alle Lebewesen aufmerksam. Einerseits ist Trinkwasser auf der Erde sehr knapp, andererseits wird es noch immer verschwendet, aber es gibt Ansätze zum Wassersparen.

Seite 30

2 Folgende Schlüsselstellen beantworten die Fragen (Beispiellösung):
A das wichtigste Lebensmittel – menschliche Körper besteht zu 60 bis 70 Prozent aus Wasser – alle Lebewesen – Mensch – nur drei bis vier Tage ohne Wasser überleben (Z. 1–12)
B 71 Prozent der Erde mit Wasser bedeckt – weniger als 3 Prozent Süßwasservorräte – großer Teil Eis – Gletschern (Z. 13–18)
C 1,2 Milliarden Menschen – keinen Zugang zu sauberem Wasser – kilometerweit zum nächsten Brunnen – verschmutztes Wasser – Trinken und Waschen – Krankheiten – Tod (Z. 18–28)
D gedankenloser – USA – ein Mensch pro Jahr 3 000 Kubikmeter – weltweit – 1 000 Kubikmetern pro Kopf – Industrie – Landwirtschaft – wie lange ... noch (Z. 29–37)
E wassersparenden Armaturen, Duschen statt Baden, beim Zähneputzen nicht ... Wasser laufen lassen (Z. 38–46)

3 Beispiel für einen Cluster zum Text (Hinweis: Die einzelnen Einträge können auch als Zwischenüberschriften genutzt werden.)

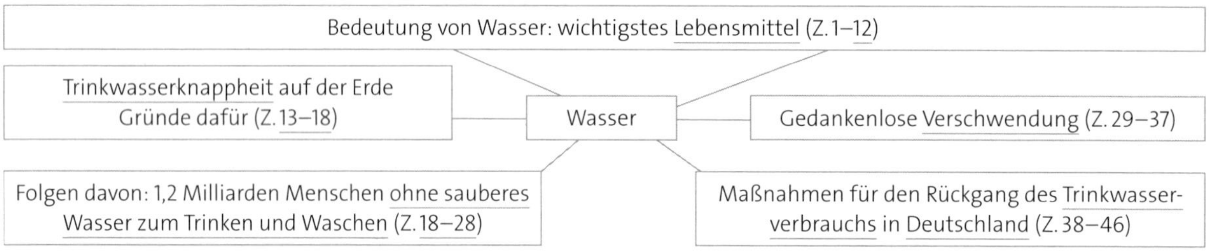

4 a Die Beispielsätze lassen sich so sinnvoll zu einer Begründung verknüpfen:
Man sollte verantwortungsvoll mit Wasser umgehen, weil (da) man nicht weiß, wie lange die Wasservorräte auf der Erde noch reichen. Die Trinkwasservorräte auf der Erde sind knapp, deshalb (daher) sollte man kein Wasser verschwenden.
b Aus dem Text kann man z. B. folgende Möglichkeiten, Wasser zu sparen, und Begründungen dafür ableiten:
Ich benutze, wenn möglich, bei der Toilettenspülung die Spartaste, damit ich Wasser spare.
Ich dusche, statt zu baden, weil man für ein Vollbad viel mehr Wasser braucht.
Ich lasse beim Zähneputzen nicht die ganze Zeit das Wasser laufen, weil (da) Wasser ein kostbares Gut ist.
●●● c Weitere Möglichkeiten für das Wassersparen mit Begründungen, warum das sinnvoll ist:
Man kann Regenwasser sammeln und zum Gießen benutzen, damit das Trinkwasser wirklich zum Trinken und Waschen verwendet wird. – Man muss manche Kleidungsstücke (z. B. Jeans) nicht nach jedem Tragen waschen, da die Waschmaschine viel Wasser verbraucht. – Man sollte die Spülmaschine nur laufen lassen, wenn sie voll ist, damit man nicht unnötig Wasser verschwendet.

Wortarten

Seite 31

Das Nomen

1 a Die Lösungswörter (von oben nach unten):
TOR – HUND – APRIL – FERIEN – GITARRE – POSTBOTE – SKIFAHRER – MATHEMATIK – DINOSAURIER – GRUNDSCHULE
b Lösungswort: Pausengong

2 Beispiellösungen:
schreien, der Schrei – lehren, die Lehre, der Lehrer – schlafen, der Schlaf – färben, die Farbe, der Färber – blühen, die Blüte – alt, das Alter – erwachsen, der Erwachsene – hoch, die Höhe – lang, die Länge – fleißig, der Fleiß

Seite 32

3 Folgende Nomen solltest du unterstrichen haben:
Laura – Computer – Geburtstag – Küche – Vater – Frühstück – Tag – Samstag – Vater – Laura – Mutter – Päckchen – Eltern – Laura – Geschenk – Buch – Gutschein – Inliner – Laura – Eltern – Freude – Verwandte – Patenonkel – Tasche – Tisch – Dienste – Laura – Reißverschluss – Tasche – Laptop – Vater – Thomas – Computer – Laura – Onkel – Kaffee

4

Singular	Plural	Genus	Singular	Plural	Genus
der Computer	die Computer	m	die Mutter	die Mütter	f
der Geburtstag	die Geburtstage	m	das Päckchen	die Päckchen	n
die Küche	die Küchen	f		die Eltern	
der Vater	die Väter	m	das Geschenk	die Geschenke	n
das Frühstück		n	das Buch	die Bücher	n
der Tag	die Tage	m	der Gutschein	die Gutscheine	m
der Samstag	die Samstage	m	der Inliner	die Inliner	m

Das Wort Frühstück gibt es nur im Singular, das Wort Eltern gibt es nur im Plural.

5 a

Singular	Plural	Genus
der, ein Käfig des, eines Käfigs dem, einem Käfig den, einen Käfig	die Käfige der Käfige den Käfigen die Käfige	m
die, eine Wüste der, einer Wüste der, einer Wüste die, eine Wüste	die Wüsten der Wüsten den Wüsten die Wüsten	f
das, ein Tier des, eines Tiers dem, einem Tier das, ein Tier	die Tiere der Tiere den Tieren die Tiere	n

●●● b

Singular	Plural	Genus
der, ein Hase des, eines Hasen dem, einem Hasen den, einen Hasen	die Hasen der Hasen den Hasen die Hasen	m
die, eine Sage der, einer Sage der, einer Sage die, eine Sage	die Sagen der Sagen den Sagen die Sagen	f
das, ein Lied des, eines Lieds dem, einem Lied das, ein Lied	die Lieder der Lieder den Liedern die Lieder	n

Seite 33

6 Miyax schob die Kapuze des Anoraks zurück, um nach der Sonne zu sehen. (...) Miyax schloss aus den Farben des Himmels und der Sonne, dass es gegen sechs Uhr abends sein musste; das war die Stunde, da die Wölfe erwachten. Geräuschlos stellte sie ihren Kochtopf nieder und kroch auf die Höhe des kleinen Hügels, eines der vielen Erdbuckel, die in der krachenden Kälte des arktischen Winters aufbrechen und wieder einsinken. Auf dem Bauch liegend blickte das Mädchen über das moosgefleckte Grasland und wandte dann seine ganze Aufmerksamkeit auf einen Punkt: die Wölfe. (...)

7 Sobald die Wölfe **(Wer oder was? Nominativ)** erwachten, begrüßten sie einander mit Schwanzwedeln. Dem Mädchen **(Wem? Dativ)** zitterten die Hände und sein Herz **(Wer oder was? Nominativ)** begann, rascher zu schlagen. Miyax hatte Angst **(Wen oder was? Akkusativ).** Sie fürchtete nicht so sehr die Wölfe **(Wen oder was? Akkusativ)** – die zeigten sich zurückhaltend und waren viele Harpunenschüsse weit entfernt –, aber die Lage **(Wer oder was? Nominativ),** in die sie geraten war, machte ihr Angst. Miyax hatte sich verirrt. Seit Tagen wanderte sie durch die Wildnis Alaskas **(Wessen? Genitiv),** und sie hatte keine Nahrung **(Wen oder was? Akkusativ)** mehr. Der Wind **(Wer oder was? Nominativ)** heulte und pfiff über die Ebene hinweg, und in welche Richtung der Gegend **(Wessen? Genitiv)** man auch blickte, immer sah man das Gleiche **(Wen oder was? Akkusativ).**

8 ●●● Beispiel: Aus Italien wanderte ein Wolf in die bayerischen Alpen ein. Das Fell des Wolfs (*auch möglich:* des Wolfes) ist grau. Ein Jäger stellte dem Wolf eine Fotofalle. Die Bauern und Schäfer wollen den Wolf verjagen.

Seite 34

Das Adjektiv

1

	Die Hauskatze	Der Gepard	Der Tiger
Fell	kurzhaarig, grauschwarz, gestreift, gefleckt	gelbrot, schwarz gefleckt	braungelb, schwarz (Streifen)
Krallen	scharf	stumpf	kräftig, gekrümmt
Körperbau	kraftvoll	wendig, geschmeidig	kräftig, schlank

Seite 35

2 **Singular**

Nominativ	der wilde Löwe	die zahme Maus	das weiße Pferd
Genitiv	des wilden Löwen	der zahmen Maus	des weißen Pferd(e)s
Dativ	dem wilden Löwen	der zahmen Maus	dem weißen Pferd
Akkusativ	den wilden Löwen	die zahme Maus	das weiße Pferd

Plural

Nominativ	die wilden Löwen	die zahmen Mäuse	die weißen Pferde
Genitiv	der wilden Löwen	der zahmen Mäuse	der weißen Pferde
Dativ	den wilden Löwen	den zahmen Mäusen	den weißen Pferden
Akkusativ	die wilden Löwen	die zahmen Mäuse	die weißen Pferde

3 a + b + d Elefanten sind **typische** Herdentiere (1). Die Herden können 20 bis 30 Tiere umfassen und werden meist von einem **älteren weiblichen** Tier (3) angeführt. Mit ihrer **langen** Erfahrung (3) und dem **hervorragenden** Gedächtnis (3) kennt diese Leitkuh genug **ergiebige** Futter- und Wasserplätze (4). Elefanten zeigen ein sehr **soziales** Verhalten (4). Die **jungen** Elefanten (1) werden von allen beschützt, sie wachsen im Rudel auf. Auch **verletzte, trächtige** oder **alte** Tiere (1) werden von den anderen geschützt. Die **gutmütigen** Elefanten (1) kennen in der **freien** Natur (3) keine **natürlichen** Feinde (4). Sie besitzen ein sehr **gutes** und **langes** Gedächtnis (4). Noch Jahre nach einem **besonderen** Vorfall (3) können sie sich genau an **ehemalige** Feinde (4) erinnern.

c Grundformen der Adjektive:
typisch, älter, weiblich, lang, hervorragend, ergiebig, sozial, jung, verletzt, trächtig, alt, gutmütig, frei, natürlich, gut, lang, besonders, ehemalig

Seite 36

4 a

... der Seeotter (...) das dichteste Fell hat?
... Moschusochsen die längsten Fellhaare haben?
... das Faultier langsamer (...) ist?
... Pinguine besser schwimmen (...)?
... der Pottwal tiefer taucht (...)?
... der Gepard am schnellsten ist?

b

Positiv	Komparativ	Superlativ
dicht	dichter	dichteste, am dichtesten
lang	länger	längste, am längsten
langsam	langsamer	langsamste, am langsamsten
gut	besser	beste, am besten
tief	tiefer	tiefste, am tiefsten
schnell	schneller	schnellste, am schnellsten

5 a Folgende Adjektive kann man nicht steigern:
blind – einzig – viereckig – rund – lebendig

b stark, stärker, am stärksten – berühmt, berühmter, am berühmtesten – kurz, kürzer, am kürzesten – winzig, winziger, am winzigsten – leise, leiser, am leisesten – gefährlich, gefährlicher, am gefährlichsten

Seite 37

Pronomen

1 Braunbären sehen oft faul und gemütlich aus. Aber eigentlich sind ~~Braunbären~~ **sie** Supersportler. Der Braunbär ist ein sehr guter Schwimmer und Läufer. Andere Tiere kann ~~ein Braunbär~~ **er** deshalb leicht besiegen. Die Tiere sind extrem stark – bärenstark. Einen hundert Kilo schweren Sack können ~~die Tiere~~ **sie** locker einen Hügel hinaufschleppen. Braunbären schlafen im Winter die meiste Zeit. ~~Braunbären~~ **Sie** halten zwar keinen echten Winterschlaf, aber Winterruhe. Damit das Herz weniger Energie verbraucht, schlägt ~~das Herz~~ **es** dann langsamer. Im Herbst futtern sich Braunbären Winterspeck an. ~~Die Braunbären~~ **Sie** haben dann so etwas wie einen Vorrat.

2 Folgende Personalpronomen gehören in die Lücken:
Er – Sie – du – ich – sie – ich – ihr – sie – sie – ich – du – mich

Seite 38

1 a Possessivpronomen sind hier gepunktet unterstrichen (im Heft grün), die Bezugswörter bzw. -wortgruppen sind hier einfach unterstrichen (im Heft blau):
deinem Kater – seinen Husten – Meine Katze – ihr Fell | Mein Peterle – unser Hase |
Meinem Hasen – sein Futter – euer Langohr | Sein Herz – Unser Hund – ihrem betagten Dackel |
meinen Wellensittich – Seine Augen – sein Gefieder

b dein Kater – sein Husten – meine Katze – ihr Fell | mein Peterle – unser Hase |
mein Hase – sein Futter – euer Langohr | sein Herz – unser Hund – ihr Dackel |
mein Wellensittich – seine Augen – sein Gefieder

2 Folgende Possessivpronomen gehören in die Lücken (weitere Möglichkeiten stehen in Klammern):
ihre – seinen – Euer (Dein, Unser, Mein, Sein) – unsere – Eure – mein – eure – meine – mein – ihre – dein – ihren

3	mein Koffer meines Koffers meinem Koffer meinen Koffer	dein Koffer deines Koffers deinem Koffer deinen Koffer	sein/ihr/sein Koffer seines/ihres/seines Koffers seinem/ihrem/seinem Koffer seinen/ihren/seinen Koffer	unser Koffer unseres Koffers unserem Koffer unseren Koffer	euer Koffer eu(e)res Koffers eu(e)rem Koffer eu(e)ren Koffer	ihr Koffer ihres Koffers ihrem Koffer ihren Koffer
●●●	meine Tasche meiner Tasche meiner Tasche meine Tasche	deine Tasche deiner Tasche deiner Tasche deine Tasche	seine/ihre/seine Tasche seiner/ihrer/seiner Tasche seiner/ihrer/seiner Tasche seine/ihre/seine Tasche	unsere Tasche unserer Tasche unserer Tasche unsere Tasche	eu(e)re Tasche eu(e)rer Tasche eu(e)rer Tasche eu(e)re Tasche	ihre Tasche ihrer Tasche ihrer Tasche ihre Tasche
●●●	mein Rad meines Rad(e)s meinem Rad mein Rad	dein Rad deines Rad(e)s deinem Rad dein Rad	sein/ihr/sein Rad seines/ihres/seines Rad(e)s seinem/ihrem/seinem Rad sein/ihr/sein Rad	unser Rad unseres Rad(e)s unserem Rad unser Rad	euer Rad eu(e)res Rad(e)s eu(e)rem Rad euer Rad	ihr Rad ihres Rad(e)s ihrem Rad ihr Rad

Seite 39

1 Du könntest z.B. die folgenden Demonstrativpronomen und Nomen ergänzt haben:
Auf diesem Schaubild können Sie sehen (...). Dieses/Jenes Gemälde zeigt (...). Jene/Diese Ritterrüstungen auf der rechten Seite beweisen (...). Diese Stube hier war die Kemenate (...), deshalb war sie für jene Frauen gedacht, die (...). (...) dieses Schachspiel etwa (...). Diese Bücher, die (...). (...) sie stammen aus jenem Kloster, das (...).

2 Bis zum 17. Jahrhundert lebten in diesem Landstrich Ritter. Schon 300 Jahre vorher hatten ihre Vorfahren hier eine Burg bauen lassen. Der Landesherr, ein mächtiger Bischof, ließ diese jedoch niederreißen, weil die Burgherren inzwischen als Raubritter die Gegend unsicher machten. Soldaten nahmen die Ritter gefangen. Kurz darauf machte man ihnen den Prozess und sperrte sie in den Hungerturm. Diesen/Den hatte der Bischof kurz zuvor errichten lassen.

Seite 40

1 Relativpronomen sind hier gepunktet unterstrichen, die Bezugswörter sind einfach unterstrichen:
Am Freitag unternahmen wir einen Ausflug, der uns allen viel Spaß gemacht hat.
Wir besuchten einen kleinen Tierpark, in dem es verschiedene Tiere gibt.
Am besten gefiel mir ein geschecktes Pony, dem Heu in die Futterkrippe gestreut wurde.
Gleich meldeten sich mit Gemecker die Ziegen, denen der Wärter daraufhin Rüben gab.
Am lustigsten war das Hängebauchschwein, das mit seinen Ferkeln im Schlamm wühlte.

2 a Eine Familie aus Gera, **die** – den Ringpark abgesucht, in **dem** – aus dem Heck des Autos gesprungen, **das** – zum Hauptbahnhof, vor **dem** – die Bahn der Linie 5, **die** – Ein Passant, **dem** – die Polizei, **die** – Jovi, **der**

●●● b Bestimmung der markierten Pronomen:
ihr: Poss – er: P – diesem: D – Er: P – seine: Poss – Dies: D – ihr: P

Seite 41

Das Verb

1 Singular: ich staune, du staunst, er/sie/es staunt – Plural: wir staunen, ihr staunt, sie staunen

2 Ergänzungen im Text:
Ich habe – Du hast – Er hat – Sie hat – Es hat – Wir haben – Ihr habt – Sie haben – Sie haben – sie haben

3 In die Lücken gehören folgende Personalformen der Verben:
isst – sieht – Hilfst – frisst – Vergiss – verspricht

Seite 42

1 a

Grundform	Partizip I	Partizip II
rennen	rennend	gerannt
aufspringen	aufspringend	aufgesprungen
murmeln	murmelnd	gemurmelt
stehen	stehend	gestanden

b

Grundform	Partizip I	Partizip II
tanzen	tanzend	getanzt
spielen	spielend	gespielt
singen	singend	gesungen

2 (Simons Opa sieht gerne Western) wegen der flirrenden Hitze über der Wüste, wegen der schießenden Gangsterbanden, wegen der leuchtenden Landschaften.

3 (Simon isst gerne) gefüllte Paprikaschoten, gedünsteten Fisch in Rahmsoße, mit Käse überbackenen Auflauf, eingekochte Birnen und Pflaumen.

Seite 43

Teste dich! – Wortarten

1 einen unbeweglichen Zeiger – einen Schatten – dieser Oberfläche – dem Lauf – der Sonne – einer Ziffer – die Uhrzeit — 7 Punkte

2 am schnellsten (Superlativ) – geschmeidiger (Positiv) – lang (Positiv) – größer (Komparativ) – schwerer (Komparativ) – langsamer (Komparativ) – größten (Superlativ) — 14 Punkte

3 A **Nomen:** Erfindung, Kugelschreibers, Ungar, Lászlò, Biró, Patent, Erfolg, Idee, Schreibgerät, Jahr, Zeitungsdruckereien, Tinte, Papier — 26 Punkte
Verben: anmeldete, ahnte, benutzt, entstand, bemerkte, trocknete, blieb
Adjektive: großartigen, neuartige, verwendete (wie ein Adjektiv benutztes Partizip), schneller, sauber, schmierfrei
B **Pronomen:** Ihm (Personalpronomen) – jene (Demonstrativpronomen) – Er (Personalpronomen) – (eine Metallkugel,) die (Relativpronomen) – ihrer (Possessivpronomen) – er (Personalpronomen) – sie (Personalpronomen) — 7 Punkte

Insgesamt zu erreichende Punktzahl: 54 Punkte

Seite 44

Tempusformen des Verbs

1 a Die abgebildeten Menschen haben die folgenden Berufe und üben zum Beispiel diese Tätigkeiten aus:
Lehrerin: Sie unterrichtet, lobt, kritisiert, stellt Schulaufgaben und gibt Noten.
Gärtner: Er gräbt Beete um, sät Blumen, pflanzt Bäume, er gießt und erntet.
Arzt: Er untersucht Kranke, behandelt Patienten, gibt Spritzen, operiert.
Köchin: Sie schneidet Gemüse, kocht Kartoffeln, brät Fleisch, dünstet Fisch.
b Präsens ist die richtige Tempusform, weil die Personen diese Tätigkeiten in ihrem Beruf immer wieder ausüben.

2 Die Verben im Präsens: sieht ... aus – hängen – stehen – ist – schminkt – anmalt – erkennt ... wieder – machen – arbeiten – dauert – verwandelt
Die Verben im Futur: wird ... aufsetzen – wird ... schminken (und) kleben – wird ... verpassen – werden sehen

Seite 45

3 a Die Verben im Präteritum: war – besuchte – war – verbrachte – gingen – suchten – brachte – kletterten – sprangen – beobachteten – schwammen
b war, sein – besuchte, besuchen – verbrachte, verbringen – gingen, gehen – suchten, suchen – brachte, bringen – kletterten, klettern – sprangen, springen – beobachteten, beobachten – schwammen, schwimmen
c Es war (3. Person Singular Präteritum) – ich besuchte (1. Person Singular Präteritum) – ich war (1. Person Singular Präteritum) – ich verbrachte (1. Person Singular Präteritum) – wir gingen (1. Person Plural Präteritum) – wir suchten (1. Person Plural Präteritum) – Großvater brachte (3. Person Singular Präteritum) – wir kletterten (1. Person Plural Präteritum) – wir sprangen (1. Person Plural Präteritum) – wir beobachteten (1. Person Plural Präteritum) – die Fischschwärme schwammen (3. Person Plural Präteritum)
●●● d Bei der Fortsetzung der Geschichte solltest du daran denken, in der Ich-Form und im Präteritum weiterzuschreiben.

4 a hatte, klemmte, drückte, war, konnte, nahm, aß, gab, kamen, fastete, knabberte, war, konnte, sollte, hatte
●●● b **Tipps der Rittersfrau** (Beispiele)
Die Gattin des korpulenten Ritters verordnete ihm Bewegung und eine Diät: Er musste jeden Morgen vor dem Frühstück fünfzig Kniebeugen machen und zehnmal um die Burg laufen. Er durfte nicht mehr zwischendurch naschen und knabbern. Zum Frühstück bekam Runkel nur eine kleine Schüssel Körnerbrei, mittags gab es etwas mageren Fisch und abends nichts. In seinen Humpen füllte sie klares Wasser – so viel er wollte.

Seite 46

5 Bettina: Unsere Klasse hat beim Völkerball gewonnen. – Isabel: Im Probelauf bin ich langsamer gelaufen. – Saskia: Herr Wunsch hat die Spielregeln noch einmal erklärt. – Jonas: Stundenlang habe ich die Startnummer gesucht. – Fritz: Ich bin vor Moritz ins Ziel gekommen. – Ronja: Ich habe die Teilnehmer mit Getränken versorgt. – Steffen: Ich habe mir beim Fußballspiel den Knöchel verstaucht.

6

ich habe geschrieben	wir sind gegangen
du bist geblieben	ihr habt gesungen
er hat gedacht	sie haben genommen
sie ist gerannt	sie sind gesprungen
es hat geschrien	sie haben gelegen

Seite 47

7 Die Präteritumformen (grün) sind hier einfach unterstrichen, Plusquamperfektformen (blau) gepunktet.

Die Feste des Partyschlumpfs

Es war einmal ein Schlumpf, der immer nur eins im Kopf hatte: ein Fest zu feiern! Jeder Anlass war ihm recht: Weil der Überraschungsschlumpf „Jokey“ einen neuen Streich gespielt hatte, weil der Feinschmeckerschlumpf „Torti“ einen leckeren Kuchen gebacken hatte, wenn die Sonne schien oder wenn Vollmond war, immer rief der Partyschlumpf: „Wollen wir ein Fest schlumpfen?“ Und dann öffnete er die großen Truhen, die bei ihm im Hause standen. Er packte alles aus, was er im Laufe der Zeit dafür so gesammelt hatte: Lampions, Luftschlangen, Tröten und Kostüme. Für jeden Anlass hatte er die richtige Dekoration. Sie feierten jeden Tag ein anderes Fest. Da Feiern aber anstrengend ist, waren sie am nächsten Morgen alle müde. Nachdem sie einige Wochen gefeiert hatten, merkten die Schlümpfe auf einmal, dass nichts mehr so richtig schlumpfte: Es gab morgens kein Brot mehr, weil der Bäckerschlumpf verschlafen hatte. Es wurde nichts mehr repariert, denn der Bastelschlumpf war immer zu müde.

8 Der Dichterschlumpf hatte schon lange nicht mehr gedichtet und Jokey hatte seit Tagen keinen Streich mehr gespielt. Da beschlossen sie, dass es so nicht mehr weiterging. Noch am selben Tage, als der Partyschlumpf wieder ein Fest schlumpfen wollte – diesmal, weil er drei Gänseblümchen gepflückt hatte –, kamen die anderen Schlümpfe und sagten: „Es ist gar nicht schlumpfig, jeden Tag ein Fest zu feiern.“ Der Partyschlumpf, nachdem er zunächst traurig gewesen war, stimmte den anderen zu. Von da an gingen alle Schlümpfe wieder ihrer Arbeit nach, und nur noch, wenn es einen wirklichen Grund zum Feiern gab – wenn sie zum Beispiel Gargamel hereingelegt hatten –, organisierte der Partyschlumpf ein schlumpfastisches Fest.

Seite 48

Teste dich! – Tempusformen des Verbs

1 a Präs. – Plusqu. – Prät. – Perf. – Prät. – Präs. – Prät. — 7 Punkte

b Die Feier war (Prät.) immer noch in vollem Gang, als Bens Mutter den Kuchen hereintrug (Prät.) und nun riesige Stücke abschnitt (Prät.). Ich dachte mir: „Hoffentlich schaffe (Präs.) ich das ganze Kuchenstück, denn schon letztes Jahr waren (Prät.) die Stücke so groß, dass ich meines nicht aufessen konnte (Prät.).“ Damals hatte ich aber vorher zu Hause zu Mittag gegessen (Plusqu.). — 6 Punkte

2 Nächstes Jahr ~~feierte~~ → feiere ich meinen Geburtstag am Waginger See (= Präsens + Signalwort) / werde ich ... feiern (= Futur I). Dort ~~hat meine Oma gewohnt~~ → wohnt meine Oma, und sie ~~hatte~~ → wird mir und meinen Gästen ihren Garten überlassen. Letzten Sommer ~~gibt~~ → gab mein Bruder auf dem großen Seegrundstück eine tolle Party. Nachdem er und seine Freunde ausgiebig im See ~~schwammen~~ → geschwommen waren, ~~freuen~~ → freuten sie sich auf Kuchen und Kakao. Oma ~~hat~~ → hatte vorher drei Tage lang gebacken, ihre Kuchen und Torten ~~werden wunderbar schmecken~~ → schmeckten wunderbar. — 8 Punkte

Insgesamt zu erreichende Punktzahl: 21 Punkte

Satzglieder

Seite 49

1 a Morgen | fahren | wir | mit einem Kutter | zu den Seehunden.

b Beispiellösungen:
Wir fahren morgen mit einem Kutter zu den Seehunden. – Mit einem Kutter fahren wir morgen zu den Seehunden.

2 a + b Beispiellösungen:

A Hoffentlich liegen Seehundbabys auf der Sandbank. – Hoffentlich liegen auf der Sandbank Seehundbabys. – Auf der Sandbank liegen hoffentlich Seehundbabys.

B Mit einem Netz fangen wir leckere Krabben. – Wir fangen mit einem Netz leckere Krabben. – Leckere Krabben fangen wir mit einem Netz.

C Vielleicht schenkt uns der Kapitän einen Fisch. – Der Kapitän schenkt uns vielleicht einen Fisch. – Uns schenkt der Kapitän vielleicht einen Fisch.

Seite 50

Das Prädikat

1 empfinden – bestehen – sind – verwandeln – wirken – wölben – strecken – gleicht – haben – fangen – platzen – trifft – ist – gibt – ist – erinnern

Seite 51

2 Die Umstellprobe kann z. B. diese Sätze ergeben:
Am Strand findet Katharina etwas Seltsames. Sie hat so etwas noch nie zuvor gesehen.

Das merkwürdige Ding zeigt sie ihrem Vater. Das Rätsel kann ihr Vater lösen.

Eine Qualle hat Katharina gefunden! Lange schaut sie das Tier an.

3 a + b Beispiellösungen:
Das Inselbad wurde renoviert, deshalb gibt es am Sonntag ein großes Fest. /
(...) deshalb wird es am Sonntag ein großes Fest geben. (Beachte: In diesem Fall kann man Zukünftiges durch das Präsens (Signalwort!) oder das Futur I ausdrücken. Das Futur I hat ein zweiteiliges Prädikat.)
Morgen findet ein Burgenbauwettbewerb statt. / Morgen wird ein Burgenbauwettbewerb stattfinden. (Zukünftiges kann hier durch das Präsens (Signalwort!) oder durch das Futur I ausgedrückt werden.) – Ein 18-Jähriger wurde beim Surfen verletzt.
Das „Café am Deich" ist sonntags geöffnet. – Die Fahrt nach Baltrum ist fast ausgebucht.

Seite 52

Das Subjekt

1 a + b Einst | **fuhr** | ein Steuermann | auf einem englischen Schiff. | Der Segler | **ankerte** | im Hafen von Stockholm. | Abends | **ging** | der Steuermann | auf das Verdeck. | Er | **wollte** | frische Luft | **genießen.** | Da | **sah** | er | am Ende des Schiffes | ein kleines rotes Männchen. | Auch | auf dem Schiff daneben | **entdeckte** | er | ein Männchen. | Der Steuermann | **erkannte** | die Klabautermännchen. | Er | **betrachtete** | sie | neugierig. | Da | **begannen** | die beiden Männchen | ein Gespräch. | „**Gehst** | du | auch | auf See?", | **fragte** | das Männchen vom Schiff gegenüber. | Sein Klabautermännchen | **antwortete:** | „Ich | **bleibe** | hier. | ..."

2 a Fehlendes Satzglied: Subjekt
b Ergänzungsvorschlag (wie in der Originalgeschichte): „Im Kanal sinkt das Schiff."

3 erzählte – lachten ... aus – blieb – nahm – ging – erhielt – ging ... unter

Seite 53

Die Objekte

1 a

Aysuns Fragen	**Satzglied**
Wen oder was hattet ihr?	Akkusativobjekt
Wen hast du getroffen?	Akkusativobjekt
Wer ist schon ganz braun?	Subjekt
Wer hat sich einen Sonnenbrand geholt?	Subjekt
Wem soll es gut gehen?	Dativobjekt
Wen soll ich regelmäßig füttern?	Akkusativobjekt
Wem soll ich frische Streu geben?	Dativobjekt
Wem soll ich Grüße ausrichten?	Dativobjekt

●●● b

Beispiele für Sandras Antworten
Wir hatten heftigen Sturm.
Ich habe Anna aus der 5b getroffen.
Anna ist schon ganz braun.
Mein Vater hat sich einen kräftigen Sonnenbrand geholt.
Geht es Max gut?
Vergiss nicht, das Meerschweinchen/Max regelmäßig zu füttern.
Gib dem Meerschweinchen/Max frische Streu!
Richte bitte deinem Bruder viele Grüße von uns aus.

Seite 54

2 a Aysun möchte das Meerschweinchen **(Akkusativobjekt)** füttern. – Sie legt ihm **(Dativobjekt)** frisch geschnittene Äpfel hin. – Doch sie sieht Max **(Akkusativobjekt)** nicht. Ist er entwischt? – Aysun bekommt ein ungutes Gefühl **(Akkusativobjekt).** – Schließlich hebt sie das Häuschen **(Akkusativobjekt)** hoch. Da sitzt er!

●●● b Im zweiten Satz steckt außerdem ein Akkusativobjekt: frisch geschnittene Äpfel.

3 Aysun (Subjekt) überlegt, warum Max so müde ist. Das Meerschweinchen (Subjekt) musste am Vormittag lange mit Aysuns Schwester herumtoben. Diese hatte ihm (Dativobjekt) nämlich ein Labyrinth gebaut. Zwischen Büchern und Legosteinen musste es (Subjekt) den Weg hinausfinden. Zur Belohnung bekam Max Karotten (Akkusativobjekt). Danach sollte das arme Tier (Subjekt) den lebendigen Hund im Puppenhaus spielen. Sandras Freundin (Subjekt) wundert sich nicht, dass Max (Subjekt) immer noch so müde ist.

Seite 55

Lokal- und Temporaladverbialien – Orts- und Zeitangaben

1 a

	Fragewort	Lokaladverbiale	Temporaladverbiale
Am Montag waren sie stundenlang im Auto unterwegs.	Wann ...?		X
Nach drei Stunden Fahrt kamen sie an die österreichische Grenze.	Wohin ...?	X	
Dort regnete es in Strömen.	Wo ...?	X	
Hoffentlich ist das Wetter am Ferienort schöner!	Wo ...?	X	
Seit Wochen freuen sich alle auf Sonne, Strand und Meer.	Seit wann ...?		X

●●● b 1. Satz: Temporaladverbiale: stundenlang – 2. Satz: Temporaladverbiale: Nach drei Stunden

2 Lokaladverbialien sind hier einfach unterstrichen, Temporaladverbialien sind gepunktet unterstrichen.
Hier im Süden ist es echt aufregend! Nach sieben Stunden waren wir an unserem Urlaubsort angekommen. Unsere Ferienwohnung fanden wir nach langer Suche. Aber es gab ein Problem: Meine Eltern hatten sich im Datum geirrt. Wir waren einen Tag zu früh in Italien! Meine Schwester und ich fanden das cool. Wir liefen sofort an den Strand. Leider war es für unsere Eltern kompliziert. Alle Hotels in der Umgebung waren seit Wochen ausgebucht. Im Tourismusbüro wurde meinem Vater am Ende geholfen. Eine alte Dame ließ uns in ihrem Haus übernachten. (...)

Seite 56

3 a Beispiellösungen: Paul und seine Schwester schwimmen im Meer. – Das Eis schmeckt in Italien wunderbar. – Leider müssen wir wieder nach Hause fahren.

b Beispiellösungen: Pauls Bruder baute gestern eine Sandburg. – Wir essen jeden Abend Pizza. – Paul spielt nachmittags mit seinem Vater Karten.

●●● c Beispiellösungen: Paul und seine Schwester schwimmen jeden Morgen im Meer. Oder: Leider müssen wir morgen wieder nach Hause fahren. – Pauls Bruder baut jeden Tag eine Sandburg am Strand. Oder: Paul spielt nachmittags mit seinem Vater unter dem Sonnenschirm Karten.

4 Beispiellösungen: B Ich | liege | in der Sonne. – C Morgen | schreibe | ich | meiner Freundin | eine Karte. – D Am Dienstag | fahren | wir | nach Hause.

Satzarten

Seite 57

1 a Morgen soll es sehr heiß werden.
Steck die Ausweise in deine Handtasche!
Putzt du noch deine Bergstiefel?
Die Wasserflaschen pack auch ein!
Bringe den Wohnungsschlüssel zu Frau Siekmann!
Gießt du noch einmal die Blumen?
Die Autoschlüssel habe ich dir gegeben.
Nimmst du die Wanderstöcke mit?

b Soll es morgen sehr heiß werden?
Steckst du die Ausweise in deine Handtasche?
Putz noch deine Bergstiefel!
Packst du auch die Wasserflaschen ein?
Bringst du den Wohnungsschlüssel zu Frau Siekmann?
Gieß noch einmal die Blumen!
Habe ich dir die Autoschlüssel gegeben?
Nimm die Wanderstöcke mit!

2 Man kann z. B. folgende Aufforderungs- oder Fragesätze einsetzen/ergänzen:
Sophie: Wo ist ein Reiterhof? (...) – Max: Sperr die Augen auf! (...)
Sophie: (...) Stell bitte einen anderen Sender ein! – Herr Körner: Wie ist es damit? (...)
Max: Wie lange dauert es noch? – Frau Körner: (...) Klaus, sieh einmal nach, wie weit es noch ist!

Seite 58

Die Satzreihe

1 Julia füttert die Fohlen und Johanna hilft ihr dabei.
Danach können sie beim Dressurreiten zuschauen oder sie können auf den kräftigen Norwegern ausreiten.
Julia möchte in den Wald reiten, aber ihre vorsichtige Freundin findet diese Idee nicht gut.
Sie einigen sich auf einen Ritt über die Felder, denn dort sind viele Menschen zu sehen.

2 Die Konjunktionen (blau) sind hier einfach unterstrichen, die Personalformen des Verbs (grün) sind gepunktet unterstrichen. Julia und Johanna sind beste Freundinnen. Sie gehen in eine Klasse(,) und ihre Familien machen in diesem Jahr gemeinsam Urlaub in Österreich. Dort reiten die Mädchen jeden Tag, denn sie verbringen die Ferien auf einem Bauernhof. Gestern gerieten sie während eines Ausritts in ein bedrohliches Gewitter, doch den beiden passierte nichts. Sie wurden nicht einmal nass, denn sie konnten sich in einer kleinen Hütte unterstellen. Das Abenteuer gefiel ihnen, aber nächstes Mal hören sie lieber auf den Wetterbericht.

Seite 59

Das Satzgefüge

1 Hauptsätze sind hier einfach unterstrichen, Nebensätze sind gepunktet unterstrichen.
Wir frühstückten viel, **damit** wir nicht unterwegs Hunger bekämen.
Im Auto hörten wir ein Hörbuch, **während** unser Vater durch die Stadt steuerte.
Die Warteschlange vor dem Zoo war kurz, **sodass** wir nicht lange anstehen mussten.
Gestern wollten alle zuerst zu den Affen, **obwohl** wir uns sonst nie einig werden.

2 Die jungen Affen tobten herum **und** eine Affenmutter entlauste ihr Baby.
—— Hs1 —— + —— Hs2 —— = SR

Danach schlenderten wir zum Löwengehege, **das** nebenan war.
—— Hs ——,
—— Ns —— = SG

Die Raubkatzen liefen aufgeregt herum, **denn** es war Fütterungszeit.
—— Hs1 ——, —— Hs2 —— = SR

Als der Wärter Fleischstücke in das Gehege warf, sprinteten die Löwen los.
—— Hs —— = SG
—— Ns ——,

Seite 60

Nebensätze: „das" oder „dass"?

1 Gestern besuchte ich mit meiner Klasse ein Fußballspiel, das in München stattfand.
Ich freute mich riesig, dass ich das bekannte Fußballstadion endlich von innen sehen durfte.
Das Stadion, das 2005 fertiggestellt wurde, leuchtete uns schon von Weitem entgegen.
Ich hätte nicht gedacht, dass die Farben der Arena so schön aussehen.
Das Warten, das mich ganz nervös machte, nahm kein Ende.

2 Endlich waren wir auf unseren Plätzen und konnten das (A) Geschehen um uns herum beobachten. Ein Kind mit einer roten Jacke, das (R) drei Reihen vor mir saß, machte mit seinem Kaugummi grüne Blasen. Mein Freund, der neben mir zappelte, lehnte sich so weit nach vorne, dass er vom Sitz fiel. Alle Schüler um ihn herum mussten lachen. Wir konnten kaum erwarten, dass es losging. Endlich kamen die Mannschaften aufs Spielfeld, das (R) von mindestens hundert Scheinwerfern beleuchtet war. Es wurde das (A) spannendste Spiel, das (R) ich je gesehen habe, und der schönste Klassenausflug aller Zeiten!

Seite 61 + 62

Teste dich! – Satzglieder und Satzarten

1 Im Urlaub | wandert | Sandra | am Strand. 4 Satzglieder — 2 Punkte
Heute | finden | sie und ihre Schwester | viele verschiedene Muscheln | im gelben Sand. 5 Satzglieder

2 Mittags | essen | sie | ihre Lunchpakete. — Das zweite Satzglied ist das Prädikat. — 2 Punkte
Die Mutter | hat | ihnen | Salamisemmeln | gemacht. — Das dritte Satzglied ist das Dativobjekt.

3 Nachmittags findet Sandra einen Seestern. — 2 Punkte
Sofort zeigt sie ihn ihrem Vater.

4 — 9 Punkte

Etwas später	sieht	sie	ein Funkeln	zwischen den Sandkörnern.
Temporaladverbiale	Prädikat	Subjekt	Akkusativobjekt	Lokaladverbiale

Sie	entdeckt	eine kleine, verbeulte Metalldose	im Sand.
Subjekt	Prädikat	Akkusativobjekt	Lokaladverbiale

5 Die Eltern bewundern den schimmernden Fund. — Der Satz enthält kein Dativobjekt. — 2 Punkte
In der Dose schwappen Meerwasser und Sand. — Der Satz enthält kein Temporaladverbiale.

6 Macht Sandra Urlaub an der Nordsee**?** (Fragezeichen) — 2 Punkte
Sandra macht Urlaub an der Nordsee**.** (Punkt)

7 Viele Menschen fahren gerne in die Alpen, aber ich fahre lieber ans Meer. — 2 Punkte
——— Hs1 ———, ——— Hs2 ——— = Satzreihe

Meine Freundin Maria fährt jedes Jahr nach Frankreich, damit sie die Sprache lernt.
——— Hs1 ———,
——— Ns ——— = Satzgefüge

8 Weil sie jeden Sommer in Frankreich verbringt, kann Maria gut Französisch. = Ns + Hs — 2 Punkte
Simon reist nächstes Jahr nach London, dort wird er den Tower besuchen. = Hs + Hs

9 Heinrich hat beschlossen, dass er in den Weihnachtsferien nach Australien fliegen wird. Dort ist es zu dieser Zeit Sommer. Das Frieren und Zittern im Winter, das bei uns zu dieser Jahreszeit normal ist, kann er nicht leiden. Außerdem freut er sich darauf, dass er endlich Kängurus in freier Natur sehen kann. — 3 Punkte

Insgesamt zu erreichende Punktzahl: 26 Punkte

Tipps und Techniken zur Rechtschreibung

Seite 63

Das Wörterbuch – Dein starker Helfer

1 a + b A SCHLANGE – B COMPUTER – C TEETASSE – D KLEBER

2 Die richtige alphabetische Reihenfolge (Anglizismen = Fremdwörter aus dem Englischen sind markiert):
1 – 3 – 4 – 2: Beamer – Begabung – Beifall – Brille sowie 8 – 6 – 7 – 5: Radio – Recycling – Roboter – Rohr

3 Folgende Informationen vermitteln die unterlegten Flächen im Wörterbuchauszug:
1. Pluralendung: die Karamellen – 2. Betonungszeichen: Unterstrich = langer Vokal – 3. Worterklärung –
4. bestimmter Artikel/Geschlecht – 5. Genitivendung (des Karates oder des Karats) –
6. Herkunft des Wortes (hier: griechisch) – 7. mögliche Stellen für Trennungen – 8. zusammengesetzte Wörter
Hinweis: Es gibt noch weitere Informationen in dem Wörterbuchauszug: Betonungszeichen: kurzer betonter Vokal (Karamelle) – unterschiedliche Pluralendungen möglich (die Karateka/die Karatekas) – Anwendungsbeispiel (24 Karat)

Seite 64

Die Silbentrennung

1 die Kin-der-gärt-ne-rin, die Amei-se, das Buch, das Al-ter, der Na-gel, wun-dern, put-zen, die Fer-ne, schrei-ben, die Pus-te-blu-me, das Ei, das Ar-beits-blatt, der Reiz-hus-ten, das Ufer, der Fern-seh-zu-schau-er, das Fens-ter, die Schie-ne, der Son-nen-schein, die Wes-pe, der Mond, der Uhu, be-haup-ten

2

ch	ck	sch
Kö-chin	dre-ckig	Fla-schen
ste-chen	Sack	zwi-schen
rie-chen	ste-cken	Fäl-schung
la-chen	rü-cken	Kir-sche
krie-chen	De-cke	Mi-schung
Tuch	aus-dru-cken	
	Lack-schuh	

Seite 65

Wortfamilien und Wortbausteine

1 Wortfamilie zu *halt* – Beispiellösung:
- Verben: halten, anhalten, behalten, einhalten, enthalten, erhalten, verhalten, vorhalten, zuhalten
- Nomen: der Halt, der Halter, die Halterin, die Halterung, die Haltbarkeit, die Einhaltung, die Enthaltung, der Erhalt, die Erhaltung, das Verhalten, die Vorhaltung
- Adjektiv: haltbar

2 Beispiele für Wortzusammensetzungen:
- Grundwort -fall: der Wasserfall, der Kniefall, der Mauerfall, der Unglücksfall
- Bestimmungswort Fall-: das Fallobst, der Fallrückzieher, die Falltür, der Fallschirm

Seite 66

Die wichtigsten Rechtschreibproben: Ableiten und Verlängern

1 a + b + c Beispiellösungen:

ä oder e, äu oder eu?	Verwandte Wörter	Richtige Schreibung
die D?cher	das Dach, die Dachpappe, die Dachluke	die Dächer
?ngstlich	die Angst, Angst haben	ängstlich
der H??ptling	das Haupt, die Hauptsache	der Häuptling
sich sch?men	die Scham, schamlos	sich schämen
die Kr?fte	die Kraft	die Kräfte
sich n?hern	nah	sich nähern
die Br??te	die Braut	die Bräute
das H??schen	das Haus	das Häuschen

2 das Kälbchen, das Kalb – jährlich, das Jahr – bläulich, blau – das Kästchen, der Kasten – das Rätsel, raten – ein Säugetier, saugen – die Mäuse, die Maus

Seite 67

3 Die gesuchten Wörter (in Großbuchstaben) und Beispiele für Verlängerungen:
GIFT, Gifte – STARK, starke, stärker – TRAB, traben – KALT, kalte, kälter – KIND, Kinder – LICHT, Lichter – ECHT, echte – DUFT, Düfte   Lösungswort: IRRLICHT

4 Ring – Ringe, Hund – Hunde, Brot – Brote, Hemd – Hemden, Berg – Berge, Ast – Äste, Bank – Bänke, Hand – Hände, Mund – Münder, Dieb – Diebe, Mond – Monde, Sieb – Siebe

5 Das Mon**d**schaf
Das Lich**t** der Sonne verlösch**t** sanf**t** über dem Fel**d**, der Aben**d** zieht herauf. Es wird Nach**t**. Das Laub wie**g**t sich leise im Win**d**, hier und da knarr**t** ein Ast. Bald wird der helle Mon**d** erscheinen. Leise raschel**n**d schie**b**t sich etwas durch die Büsche am Waldessaum. Erkennst du es? Es ist das Mon**d**schaf, Freun**d** aller Schlafenden. In deinen Traum hinein wird es hauchen: „Schlaf, mein Kin**d**."

Groß- und Kleinschreibung

Seite 68

1 a **Ohne Schule keine Chance**
Dicht gedrängt, doch aufmerksam verfolgen diese Jungen und Mädchen den Unterricht. **I**hre Schule liegt in der Provinz Amhara in Äthiopien. **D**ie Schule ist so klein, dass die Kinder den Unterricht in zwei Schichten besuchen müssen.

b Auch dann müssen viele auf dem Boden sitzen. Dennoch sind sie glücklich, zur Schule gehen zu dürfen. Nur 40 Prozent der äthiopischen Kinder haben so viel Glück. Es gibt zwar eine allgemeine Schulpflicht, aber zu wenige Schulen. Äthiopien ist ein sehr armes Land und nur etwa ein Drittel der Erwachsenen kann lesen und schreiben. Die Kinder hoffen, dass Bildung ihnen hilft, dem Elend zu entkommen.

2 a der, ein Wecker – das, ein Radio – die, eine Jeans – die, eine Schultasche – das, ein Bad – der, ein Samstag

●●● b Beispiel für eine Minigeschichte mit den Wörtern aus dem Wortspeicher:
Der Wecker klingelte um 6.30 Uhr ganz schrecklich in meinen Ohren. Müde stolperte ich ins Bad, duschte und zog meine geliebte Jeans an. Eilig packte ich die Schultasche. Gerade als ich das Radio ausschalten wollte, sagte der Sprecher: „Und nun hören Sie das Neueste aus aller Welt. Es ist Samstag, der ..." Ärgerlich ließ ich mich auf mein Bett fallen. Aber dann freute ich mich über das Wochenende.

3 Beispiellösung:

Zoobesuch –	Besuchstermin –	Terminkalender –	Kalenderblatt –	Blattsalat –	Salatschüssel –	...
der	der	der	das	der	die	

Seite 69

4 a Beispiellösung: Postauto | Brief | Fantasie | Einladung | Großeltern | Gebirge | Sommerferien | Schwimmbad | Campingplatz | Eisbecher | Bauchschmerzen | Klinik | Besuch
Andere Möglichkeit: Post | Auto | Brief | Fantasie | Einladung | Großeltern | Gebirge | Sommer | Ferien | Schwimmbad | Campingplatz | Eis | Becher | Bauch | Schmerzen | Klinikbesuch

b Beispiellösung: das gelbe Postauto – der dicke Brief – die blühende Fantasie – die nette Einladung – die fernen Großeltern – das hohe Gebirge – die langen Sommerferien – das tolle Schwimmbad – der große Campingplatz – der bunte Eisbecher – die schlimmen Bauchschmerzen – die nahe Klinik – der ersehnte Besuch

●●● c Beispiellösung: Eines Tages brachte das gelbe Postauto Hanna einen dicken Brief. Fotos waren darin und eine nette Einladung der fernen Großeltern. Sofort malte sich Hanna mit blühender Fantasie das hohe Gebirge aus, in dem die Großeltern lebten, mit einem tollen Schwimmbad am Ort und einem großen Campingplatz. Mit ihrem Bruder Kilian besprach sie in der Eisdiele, was sie in den langen Sommerferien bei Oma und Opa machen würden, und bestellte sich einen bunten Eisbecher. Auf dem Heimweg bekam sie schlimme Bauchschmerzen. Die Mutter fuhr sie in die nahe Klinik. Beinahe wäre der ersehnte Besuch bei Oma und Opa geplatzt, aber nach zwei Tagen durfte Hanna wieder nach Hause.

5 **-heit:** die Menschheit, die Trägheit, die Klugheit, die Bekanntheit, die Ergebenheit, die Verliebtheit, die Krankheit, die Dummheit
-keit: die Tapferkeit, die Eitelkeit, die Heiterkeit, die Einsamkeit
-nis: das Wagnis, das Ergebnis, die Finsternis, das Erlebnis
-schaft: die Bekanntschaft, die Freundschaft, die Feindschaft, die Landschaft, die Bereitschaft
-tum: das Königtum, das Herzogtum
-ung: die Verwendung, die Tarnung, die Werbung, die Zeichnung, die Sendung, die Landung, die Umgebung

Zu dem Adjektiv „bekannt“ kannst du zwei Nomen bilden: „Bekanntheit“ und „Bekanntschaft“, ebenso kannst du zu dem Verb „ergeben“ das Nomen „Ergebnis“ bilden, zu dem Adjektiv „ergeben“ das Nomen „Ergebenheit“. Von dem Nomen „Land“ kannst du die Nomen „Landschaft“ und „Landung“ ableiten. Es reicht aber aus, wenn du jeweils eines dieser Nomen gefunden hast.

Seite 70

6 Gottlieb Konrad Pfeffel
Der Igel

Der Löwe saß auf seinem Thron von Knochen
Und sann auf Sklaverei und Tod.
Ein Igel kam ihm in den Weg gekrochen.
„Ha! Wurm!“, so brüllte der Despot

Und hielt ihn zwischen seinen Klauen.
„Mit einem Schluck verschling ich dich!“
Der Igel sprach: „Verschlingen kannst du mich.
Allein, du kannst mich nicht verdauen.“

7 Die folgenden Anrede- und Personalpronomen gehören in die Lücken (Personalpronomen sind unterstrichen):
Ihrer – Ihnen – ihnen – sie – Ihnen – Sie – Ihnen – Sie – Sie

8 Beispiellösung für die Fortsetzung des Briefs:

... denn wir sollten ein Gedicht lernen, das Sie uns vorgelesen hatten und das wir dann auch auswendig lernten. Unsere neue Deutschlehrerin staunte, dass wir das bei Ihnen schon so gründlich besprochen hatten.
Ich wünsche Ihnen, dass Sie auch in diesem Schuljahr wieder eine so interessierte Klasse haben.

Herzliche Grüße
Ihre Kirsten

Seite 71

Teste dich! – Groß- und Kleinschreibung

1 A Satzanfänge werden großgeschrieben. B Wörter, vor die man einen Artikel setzen kann, sind Nomen. Sie werden großgeschrieben. Manchmal steht zwischen Artikel und Nomen ein Adjektiv. Man erkennt Nomen, wenn man die Artikelprobe anwendet. C Eine Reihe von Nomen erkennt man an den typischen Endungen: -heit, -keit, -nis, -schaft, -tum, -ung. D Die Pronomen der Höflichkeitsanrede Sie, Ihnen, Ihr, Ihre werden ebenfalls großgeschrieben. 17 Punkte

2 a + b + c Vor Satzanfängen steht hier ein Strich: Bei den nachfolgenden Wörtern muss der erste Buchstabe grün in einen Großbuchstaben korrigiert sein. (15 Punkte) 47 Punkte
Nomen sind hier unterstrichen: Der erste Buchstabe muss blau in einen Großbuchstaben korrigiert sein (außer er steht am Satzanfang; dann ist er bereits grün korrigiert). (30 Punkte)
Pronomen der Höflichkeitsanrede sind hier gepunktet unterstrichen: Ihre Anfangsbuchstaben müssen schwarz in einen Großbuchstaben korrigiert sein. (2 Punkte)

Enttäuschung bei der Nationalmannschaft
| Ratlosigkeit in der Nationalmannschaft! | Miserable Leistung! | Das Spiel endete mit einer Enttäuschung. | Das Ziel, die Rückeroberung der Tabellenführung, wurde verfehlt. | Die deutsche Nationalmannschaft hatte arge Schwierigkeiten. | Es fehlte die Laufbereitschaft. | Kein Spieler wollte ein Wagnis eingehen. | Die Sportreporter zeigten wenig Verständnis und stellten der Mannschaft ein schlechtes Zeugnis aus. | Den Fußballspielern sei wohl ihr Heldentum zu Kopf gestiegen. | Eitelkeiten gehörten nicht auf den Platz. | Unter der Mannschaft selbst hatte sich Sprachlosigkeit breitgemacht. | Nur der Torwart meinte zu einem Sportreporter mit gespielter Heiterkeit: | „So eine Enttäuschung haben Sie sich sicher nicht vorgestellt. | Wir wollten Ihnen mal zeigen, was wir alles nicht können. | Nach unserer Erfahrung scheint aber auch für uns wieder mal die Sonne.“

Insgesamt zu erreichende Punktzahl: 64 Punkte

Kurze und lange Vokale, s-Laute

Seite 72

Kurze Vokale

1 a + b Wörter mit **zwei verschiedenen Konsonanten** nach betontem kurzem Vokal (in deinem Arbeitsheft grün unterstrichen): Straßenkinder, Backstube, Duft, gebackenem, Bastkiepen, Rücken, Francisco, Platz, alten, Inkastadt, Cuzco, Kinder, dort, Bäckerei, Noch, Kurzem, Eltern, Projekt, Menschen, Ganztagsschule, lernen, rund, Straßenkinder, nicht, und, sondern, Handwerk, Verwandten, wirkliche, Junge, sind

Wörter mit **verdoppeltem Konsonanten** nach betontem kurzem Vokal (blau): öffnet, vollen, Essen, Dann, vorankommen, Bett, bekommen

2 Beispiele mit betontem kurzem Vokal: Tisch, Wand, Bank, Fenster, Pflanze, Heft, Flasche, Stift, Taschenrechner, Jacke

Seite 73

3 waagrecht: 1 SCHWIMMEN – 2 EHERING – 3 STILLE – 4 GEWINNER – 5 ROCK – 6 GOLDHAMSTER – 7 FRESSEN – 8 RISS
senkrecht: A TURMGLOCKE – B ECKE – C SCHICKEN – D SONNE – E SCHMERZ – F HERBST – G WIMPERN – H BALLSPIEL

4 Beispiele für Reimwörter: necken/wecken – Schnecke/Ecke – Nüsse/Küsse – fallen/knallen – Wanzen/Ranzen – Spatz/Platz – Stamm/Lamm – Tonne/Nonne – Tatzen/Spatzen – rennen/trennen

Seite 74

Lange Vokale

1 Beispiele für Reimwörter: Tal/Wal/Mal – Gruß/Fuß/Ruß – Mut/Hut/Wut – sagen/fragen/klagen

2 Ballon 1: Bahn – Rahmen – Wahl – Mahl – kahl – Fahne
Ballon 2: Lehm – Fehler – Kehle – Mehl – sehr – mehr
Ballon 3: Lohn – Sohn – Rohr – Mohn – bohren
Ballon 4: Huhn – Stuhl – Zufuhr – Ruhm – Kuh

Seite 75

3

-hl	-hm	-hn	-hr
Stahl	Rahm	Lohn	Verkehr
Kohle	Ausnahme	Sahne	Lehrerin
Fröhlichkeit	nehmen	Zahn	ungefähr
Höhle	zahm	gähnen	rühren
erzählen	Ruhm	Sohn	ehren
Fehlzeit	Rahmen	Kahn	Jahr

4 a NAMEN | HÖHLE | OHR | RABE | WAHRHEIT | STEHLEN | ANSAGE | ZEHN | NAHRUNG | KÜHLEN | SCHWER | BEFEHLEN
b Wörter mit h: Höhle, Ohr, Wahrheit, stehlen, zehn, Nahrung, kühlen, befehlen

5

S	X	C	V	W	O	T	P	Y
A	K	I	B	E	L	K	J	Z
B	E	F	E	H	L	E	R	E
D	H	E	H	R	E	H	X	H
F	R	S	T	E	H	L	E	N
S	E	H	R	N	M	E	H	R
F	N	A	K	B	A	J	O	W

waagrecht: Befehl, Fehler, Ehre, Reh, stehlen, sehr, mehr
senkrecht: Kehre, kehren, ehren, Ehre, wehren, Lehm, Kehle, zehn, Zeh

6 Bote: Überbringer, jemand, der etwas bringt – Boote: Plural von Boot, kleine Schiffe
leeren: ausleeren, leer machen – lehren: unterrichten
malen: ein Bild malen – mahlen: Getreide mahlen, zerkleinern
Wagen: Fahrzeug – Waagen: Plural von Waage

Seite 76

Doppelvokale

1 die Personenwaage, die Schneeflocke, der Festsaal, die Haarspange, das Kleeblatt, der Schneepflug, die Stachelbeere, das Segelboot, der Seeräuber

2 a + b Hier findest du die gesuchten Wörter sowie Beispiele für Zusammensetzungen mit diesen Wörtern:
die Erdbeere: das Erdbeerbeet, die Erdbeertorte – das Haar: die Haarpracht, die Haarspange – das Paar: das Ehepaar, das Hochzeitspaar – das Boot: der Bootssteg, das Segelboot – die Fee: die Märchenfee, der Feenzauber – der Speer: der Speerwurf, die Speerspitze – die Waage: die Personenwaage, die Küchenwaage – der See: das Seeungeheuer, das Seeufer – der Klee: das Kleeblatt, der Glücksklee

3

K	W	X	P	V	Q	P	M	T	Y
A	R	M	E	E	L	Ü	T	E	R
B	M	X	T	O	U	R	N	E	E
V	S	I	D	E	E	E	N	L	N
Z	P	K	A	F	F	E	E	Z	T
K	E	I	A	C	H	E	L	B	R
N	E	O	R	C	S	E	E	L	E
T	R	W	A	L	L	E	E	S	Z

waagrecht: die Armee, die Tournee, die Idee, der Kaffee, die Seele, die Allee
senkrecht: der Speer, das Püree, der Tee

Seite 77

Das lange i

1 Wörter mit ie in dem Text:
Fliegende – Brieftauben – fliegt – die – Anliegen – fliegende – Briefpost – liest – fliegen – ließ – die – wieder – niedriger – fliegende – Briefträger – Beispiel – die – sie – ließen – Papier – Griechenland – viele – die – Spielen – Brieftauben – Sieges – Zielbandes – die – anschließend – die – Daheimgebliebenen – Sieg – niemand – die – gefiederten – Kriegszeiten – Dienst – fliegen – ausschließlich – Anliegen

2 Brieftauben, Dienst, viele, Papier, niemand, Sieg, Spiele, gefiedert, Anliegen

3 steigen, er stieg, sie stiegen – schreiben, sie schrieb, wir schrieben – heißen, er hieß, sie hießen – lassen, ich ließ, ihr ließt

Seite 78

4 1 Dieb – 2 Triebe – 3 Schielen – 4 addieren – 5 anbieten – 6 Schienen – 7 Fliege – 8 vier

5 Kusine, Schiffskantine, Mandarinen, Apfelsinen, Rosinen, Gelatine, Margarine, Rennmaschine, Lawine, Termine, Schiffskabine, Gardinenpredigt

6 Nummer → nummerieren, Programm → programmieren, Kontrolle → kontrollieren, Explosion → explodieren, Korrektur → korrigieren, Frisur → frisieren

Seite 79

Die s-Laute

1 **Im Land der Klöße**
Hier gibt es außergewöhnliche, große Klöße,
Großmutter legt sie auf dreißig Flöße.
Da kommt ein gefräßiger weißer Hund,
will die Klöße zerbeißen mit maßlosem Mund.
Mutig läuft die Großmutter barfuß auf die Straß',
gießt dem Hund süßen Rahm auf den Fuß ohne Maß.
Fleißig leckt der Hund die fließende Sahne,
sie macht ihm Spaß auch ohne Banane.
Schließlich zieht er mit freundlichem Gruß davon.
Die Großmutter lacht – so was kannte sie schon.

2 Häuser → Haus, Hälse → Hals, Ausweise → Ausweis, Gase → Gas, Kreise → Kreis
Felsen → Felsbrocken, blasen → Blaskapelle, böse → Bosheit, Rose → Röschen, weise → Weisheit

Seite 80

3 sausen → sauste, brausen → brauste, grüßen → grüßt, versüßen → versüßt, rasen → rast, grasen → grast, fließen → fließt, schießen → schießt, preisen → preist, heißen → heißt, lesen → liest, dösen → döst, reisen → reist, speisen → speist, schließen → schließt, genießen → genießt

4 Richtige Schreibung und Beispiele für Reimwörter:
Wasser – müssen – Ross/Boss – Sprosse/Flosse – Tasse/Kasse/Masse – fassen/lassen/passen – Ass/Fass/Bass/nass – messen/essen/fressen/pressen – Kuss/Fluss/Schluss/Guss/Nuss

Seite 81

5 Was war das? Als der Mann aus dem Haus kam, schaute er sich um, bis er fand, was er suchte. Damals, als er das erste Mal hier herauskam, war es schwierig gewesen, ein Taxi zu finden. Doch nun gab es einen brandneuen Taxistand, direkt vor dem Haus. Toll!

6 passiert – draußen – Terrasse – Spross – sprießen – muss – Guss – gießen – Gießkanne – gleißende – Biss – beißen – Wespe – Straße – muss – Fluss – fließen – Wasser – Zeitmaß – messen – Eisladen – Genuss – genießen – isst – es – weiß – aus – Schluss – schließen

Seite 82

Teste dich! – Kurze und lange Vokale, s-Laute

1 der Sohn, der Vogel, die Bahn, das Los, die Fahne, der Mond, die Schnur, die Gefahr, der Rat, die Kohle (oder: die Kehle oder: die Kuhle), das Kamel, die Sahne — 12 Punkte

2 Das lange **i** in der richtigen Schreibweise:
Krokodil – Dienstag – spazieren – hielt – diesem – stieg – Krokodil – Klavier – **die** – mir — 10 Punkte

3 Einige Beispiele: **aa/ah:** Haar, Paar, Saal, Saat, Wahl, Hahn – **ee/eh:** Beere, Teer, Meer, Leere, Lehrer, Mehl – **oo/oh:** Boot, Moor, Moos, Zoo, Mohn, Bohne — 12 Punkte

4 Die Wörter mit dem richtigen s-Laut: Unfassbar – diesem – grässlichen – Wissenschaftler – riesigen – wissen – passierte – Dampfkessel – passierte – Abendessen – Ungebremst – Eisberg — 12 Punkte

Insgesamt zu erreichende Punktzahl: 46 Punkte

Zeichensetzung

Seite 83

Komma bei Aufzählungen

1 **Sie bauten eine Moschee**
Ob Pyramide, Kathedrale, Ritterburg oder Wolkenkratzer – David Macaulay sieht immer ganz genau hin. Der britische Autor, Techniker und Zeichner will nicht nur wissen, wie eine Kuppel konstruiert ist, eine Säule gemeißelt oder ein Innenhof gestaltet wird. Ihn interessiert genauso, aus welchem Grund ein Gebäude errichtet wurde, wer es erbaute und wer dort lebte. In seinem neuesten Buch entführt Macaulay seine Leser ins 16. Jahrhundert nach Konstantinopel, das heute Istanbul heißt. Ein reicher, frommer Muslim stiftete eine Moschee. Als die aufwendigen, zeitraubenden Arbeiten beendet waren, war um den Bau herum ein ganzes Stadtviertel neu entstanden. Der Autor beschreibt die technischen Probleme, handwerkliche Angelegenheiten und die künstlerische Gestaltung. Mit leichtem, präzisem Federstrich hat Macaulay dazu Szenen von den Bauarbeiten, Aufrisse und Pläne gezeichnet. Obwohl die Geschichte dieser großen, interessanten Moschee erfunden ist, stammen die Einzelheiten von wirklichen Bauwerken, die der Autor besucht, bewundert und eingehend studiert hat. Seine Begeisterung steckt an – Kinder, Jugendliche und Erwachsene gleichermaßen.

2 Einige Beispiele für geheimnisvolle Dinge in der Schatztruhe: ... alte, eingerissene Landkarten, ein dickes, geheimnisvolles Buch, eine altmodische, fleckige Uniform, eine grüne, verstaubte Glasflasche, bunte, glitzernde Glasperlen ...

Seite 84

3
a Das Tier setzt sich zusammen aus einem Hahn, einer Kuh, einem Schwein, einer Giraffe, einer Schnecke, einer Gans, einer Schildkröte und einer Schlange.
b Für die anderen Tiere auf dem Bild könntest du z. B. folgende Beschreibungen finden:
der braune, stachelige Igel – der aufmerksame, freundliche Hund – das kleine, flinke Eichhörnchen – der bunte, prachtvolle Papagei – der lustige, wendige Affe – das große, braune Pferd – die langsame, schleimige Schnecke – der federleichte, bunte Schmetterling – der braune, neugierige Hase – die große, gefleckte Giraffe – der bunte, vorwitzige Vogel – die grüne, neugierige Schlange – die alte, langsame Schildkröte – die große, aufmerksame Gans – der vorwitzige, stolze Hahn – das große, dicke Schwein – die kräftige, gefleckte Kuh

Seite 85

Komma bei Satzreihe und Satzgefüge

1 Sarah fährt der Umwelt zuliebe mit dem Fahrrad(,) | oder sie nimmt den Bus.
Laura achtet genau auf die Trennung des Mülls(,) | und Deniz benutzt umweltfreundliches Spülmittel.
Laura und Deniz haben die wichtigsten Regeln zum Umweltschutz gesammelt, | denn sie möchten ein Plakat zum Umweltschutz gestalten.
In der Klasse informieren sie ihre Mitschüler(,) | und für das Schulfest planen sie einen Infostand.
Die Lehrerin ist erstaunt über die tollen Ideen(,) | und die Klassenkameraden finden die vielen Tipps sehr gut, | aber sie halten deren Umsetzung im Alltag manchmal für schwierig.

2 Beispiele für sinnvoll verknüpfte Satzreihen:
A Die Mitschüler hören Laura und Deniz gerne zu(,) und die Lehrerin freut sich über den Einsatz ihrer Schüler.
B Laura berichtet in ihrer Klasse über das Stromsparen, aber/doch den Mitschülern fallen zunächst nicht viele Möglichkeiten ein.
C Schon beim Verlassen des Klassenzimmers kann man Strom sparen, denn das Licht, der Tageslichtprojektor sowie der CD-Player sollten abgeschaltet werden.

3 Hauptsätze sind hier einfach unterstrichen, Nebensätze sind gepunktet unterstrichen. Konjunktionen sind **fett**, ein Relativpronomen ist *kursiv* gesetzt
A **Nachdem** Laura das Plakat an die Tafel gehängt hat, stellen ihre Mitschüler schon die ersten Fragen.
B David bittet um Informationen zur Mülltrennung, **da** seine Oma immer alles in die Restmülltonne wirft.
C Deniz erklärt den Mitschülern, **dass** Papier in die Altpapiertonne gehört.
D **Damit** sie wiederverwertet werden können, sammelt man Abfälle aus Kunststoff und Alufolie im gelben Sack.
E Der Abfall, *der* außer dem Biomüll übrig bleibt, gehört in den Restmüll.

4 Konjunktionen, die Haupt- und Nebensatz zu einem Satzgefüge verbinden (in deinem Arbeitsheft grün markiert):
weil – als – nachdem – dass – obwohl – da – wenn – während
Konjunktionen, die zwei oder mehr Hauptsätze zu Satzreihen verbinden (in deinem Arbeitsheft blau markiert):
und – oder – aber – doch – denn

Seite 86 + 87

Zeichensetzung bei der wörtlichen Rede

1 a + b A Marie erzählt bedrückt: „Unsere Lehrerin meint, dass die Luft immer schlechter wird." – B „Auch die Meere sollen bedroht sein", fügt sie hinzu. – C Die Mutter zeigt auf einen Zeitungsartikel und sagt: „Schau hier! Da steht zufällig ein Bericht über die Fischbestände. Die Menschen fischen zu viele junge Fische ab, diese werden nicht mehr groß genug, um selbst Nachkommen zu haben." – D Marie ruft erregt: „Aber da muss man doch etwas unternehmen! Kann ich denn etwas tun?" – E Die Eltern machen ihr Mut: „Du bist doch nicht allein! Frag deine Freundinnen und Freunde, ob ihr gemeinsam Ideen entwickeln könnt."

●●● c Beispiele für verschiedene Positionen des Redebegleitsatzes in Satz A:
„Unsere Lehrerin meint, dass die Luft immer schlechter wird", erzählt Marie bedrückt. = **Nachgestellter Redebegleitsatz**
„Unsere Lehrerin meint", erzählt Marie bedrückt, „dass die Luft immer schlechter wird." = **Eingeschobener Redebegleitsatz**
Im Arbeitsheft steht ein **vorangestellter Redebegleitsatz:**
Marie erzählt bedrückt: „Unsere Lehrerin meint, dass die Luft immer schlechter wird."

2 a + b Später am Nachmittag trifft sich Marie mit Sarah und Florian. Es sprudelt nur so aus ihr heraus, als sie die beiden sieht:
„Ich habe mit meinen Eltern über die Umweltzerstörung geredet, die wir heute Morgen in der Schule besprochen haben. Das bedrückt mich sehr. Habt ihr eine Idee, was wir Kinder dagegen tun können?"
„Ich habe mal gehört", sagt Florian, „dass zum Beispiel einige Haarwaschmittel nicht gut für das Wasser sind. Wir könnten umweltfreundliches Shampoo benutzen."
„Ich fahre so oft wie möglich mit dem Fahrrad und lasse mich nicht von meiner Mutter mit dem Auto fahren", wirft Sarah ein, „denn Autofahren belastet wegen der Abgase die Luft und schädigt die Bäume."
„Etwas machen wir schon", fällt Marie ein, „ich bringe immer unsere leeren Flaschen in den Glascontainer. Dann kann das Glas wiederverwertet werden."
„Und wir haben doch neulich in der Schule vereinbart, dass wir Butterbrotdosen statt Papier verwenden, damit nicht so viel Müll entsteht", erinnert Sarah die beiden anderen.

3 a + b Der Redebegleitsatz **vor** der wörtlichen Rede heißt **einleitender** Redebegleitsatz. Beispiel: Marie ruft: „Lasst uns gleich heute mit dem umweltfreundlichen Bus fahren!"
Der Redebegleitsatz **inmitten** der wörtlichen Rede heißt **eingeschobener** Redebegleitsatz. Beispiel: „Wir können doch mit dem Fahrrad fahren", meint Sarah, „damit wir umweltschädliche Abgase vermeiden."
Der Redebegleitsatz **nach** der wörtlichen Rede heißt **nachgestellter** Redebegleitsatz. Beispiel: „Morgen berichten wir unseren Mitschülern von unseren tollen Ideen zum Umweltschutz", ergänzt Florian.

4 Beispiellösung:
Florian überlegt: „Ich werde meine Mutter bitten, nur noch Hefte aus Recyclingpapier zu kaufen. Dann muss man weniger Bäume abholzen." „Vielleicht wäre es klug, wenn wir nicht ganz so oft Fischstäbchen essen würden", wirft Marie ein, „weil dann die Fischbestände etwas geschont werden." „Wir kaufen nur noch Getränke in Pfandflaschen", erklärt Sarah. „Meine Jeans kann ruhig mal ein bisschen schmutzig sein", merkt Marie an, „dann muss die Waschmaschine nicht ständig laufen." Sarah ruft erfreut: „Das ist toll! Wir haben so viele gute Ideen, wie wir selbst die Umwelt schützen können."

Seite 88

Teste dich! – Zeichensetzung

Bei den Aufgaben 1 bis 3 bekommst du für jede richtige Lösung einen Punkt.

1 Jedes Kind, das etwas zum Umweltschutz beitragen möchte, kann beispielsweise Altpapier sammeln, Verpackungsmüll einsparen und ein umweltfreundliches Haarwaschmittel benutzen. — 2 Punkte

2 **Wiederverwertung auf andere Art** — 11 Punkte
Der 14-jährige, fleißige, geschickte Thierno lebt in Dakar, der Hauptstadt des westafrikanischen Staates Senegal. Auf seinem Schulweg stöbert er mit einem Stock im Dreck am Straßenrand, durchsucht die Mülltonnen von Tankstellen und kriecht unter parkende Lastwagen. In einer Plastiktüte scheppern die Dinge, die er aufgelesen hat: zerbeulte Getränkedosen, verschmierte Ölbüchsen, leeres Insektenspray und benutzte Einkaufstaschen. Mit seinen geschickten und flinken Händen verwandelt er den Abfall in schönes Spielzeug, Portmonees und Taschen, die er gut verkauft. Wenn er nicht so geschickt wäre, müsste er sich auf den Straßen Dakars als Bettler, Schuhputzer oder Bote durchschlagen, denn seine Eltern sind sehr arm.

3 — 3 Punkte
A Die wörtliche Rede wird von Anführungszeichen eingeschlossen.
B „Thierno", ruft sein Nachbar, „brauchst du noch ein paar Dosen?" Dieser Redebegleitsatz ist eingeschoben.
C Der einleitende Redebegleitsatz wird durch einen Doppelpunkt von der wörtlichen Rede getrennt.

4 Für jeden vollständig richtigen Satz mit Anführungszeichen gibt es einen Punkt. — 9 Punkte
Bücherwurm
Eines Abends lag Olli im Bett und las sein hundertstes Buch. Seine Mutter meinte: „Wenn du so weiterliest, kommt bald der Bücherwurm."
Er fragte: „Stimmt das?"
„Ja, aber klar", war die Antwort.
Mitten in der Nacht wachte Olli auf und sah etwas auf seiner Bettdecke. „Bist du der Bücherwurm", fragte Olli vorsichtig, „von dem Mama erzählt hat?"
„Ja", antwortete der Bücherwurm.
„Ich habe mich verlaufen. Eigentlich wollte ich in den Altpapiercontainer: Papier fressen. Lecker!"
„Frisst du denn nicht Bücher?", fragte Olli.
„Ach was, die sollen die Kinder doch lesen", antwortete der Bücherwurm kichernd.
Olli atmete auf: „Stimmt auch!"

Insgesamt zu erreichende Punktzahl: 25 Punkte

Seite 89

Teste dich! – Rund um die Rechtschreibung

1 Für die Aufgabe bekommst du 10 Punkte, wenn alles richtig ist. Für jeden Fehler ziehst du einen Punkt ab. — 10 Punkte
Im letzten Herbst fuhr die Klasse 5c der Realschule Vaterstetten ins Schullandheim. Die Herberge war eine ehemalige Burganlage, die einen geräumigen Innenhof, Türme mit Zinnen und ein unheimliches unterirdisches Gefängnis hatte.

2 Die Schülerinnen und Schüler verstanden sich sehr gut mit ihrem Lehrer. Einmal aber machten sie heimlich aus, dass sie ihm einen Streich spielen wollten. Sebastian und Lukas besorgten sich zwei Bettlaken und einen großen Schlüsselbund. Um halb zwölf in der Nacht schlichen sie dann unbemerkt in den Innenhof. Sie zogen die Betttücher über den Kopf und rasselten unter dem Fenster ihres Lehrers mit den Schlüsseln. Richtig gespenstisch war das! — 15 Punkte

3
a Die verbesserten Wörter sind unten im Text unterstrichen. Für jede Verbesserung bekommst du einen Punkt. — 16 Punkte
b Für die Aufgabe 3b bekommst du 3 Punkte, wenn du alle Satzzeichen bei der wörtlichen Rede richtig gesetzt hast. Für jeden Fehler gibt es einen Punkt Abzug. — 3 Punkte
Aber nichts rührte sich, alles blieb ruhig, nur eine Katze miaute. Da, die Turmuhr schlug Mitternacht! In diesem Moment ging eine Tür auf und eine bläulich schimmernde Gestalt trat auf die Schwelle. „Hu, hu, wer stört meine Ruhe? Verschwindet, ihr Eindringlinge!", dröhnte die Stimme. Den beiden Schülern stockte der Atem, die Füße schienen schwer wie Blei am Boden zu kleben. „Schnell weg hier!", schrie Lukas, und die beiden stolperten so schnell wie möglich in ihre Zimmer zurück ...

Insgesamt zu erreichende Punktzahl: 44 Punkte

Übungen für den Jahrgangsstufentest

Seite 91

1. Teil (Kompetenzbereich I): Textverständnis — 11 Punkte

Aufgabe 1 — 5 Punkte

a

Abschnitt	Begriffe in der inhaltlich richtigen Reihenfolge		
1	England	Sheffield	Mutterland
2	Kontinentaleuropa	Turnen	Massensport
3	Altersgruppen	Regeln	Ausrüstung
4	Fußballfans	Bundesligasaison	Skandal
5	Männersport	Frauenfußball	Spiele

b Der Autor möchte mit diesem Text vor allem informieren.

Aufgabe 2 — 3 Punkte

Die folgenden drei Aussagen entsprechen dem Inhalt des Textes:
C Fußball hat einfache Regeln und man braucht wenig Ausrüstung. – D Engländer haben das Fußballspiel in die Schweiz gebracht. – F Fußball ist heute kein reiner „Männersport" mehr.

Aufgabe 3 — 3 Punkte

Passende Fragen zu den vorgegebenen Anworten – Beispiellösungen:
A Warum verboten wohlhabende Bürger ihren Söhnen das Fußballspielen? – B Ist Fußball ein reiner Männersport? Oder: Gefällt Fußball nur Männern? – C Spricht Fußball nur eine bestimmte Altersgruppe an?

Seite 92

2. Teil (Kompetenzbereich II): Aufgaben zur Ausdrucksfähigkeit — 14 Punkte

Aufgabe 4 — 6 Punkte

Beispiellösungen:
A Manchen Eltern gefiel es allerdings nicht, wenn ihre Kinder Fußball spielten. – B Dieser Sport interessiert alle Altersgruppen. – C Jedes Jahr fiebern Millionen treue Fußballfans der neuen Bundesligasaison entgegen.

Seite 93

Aufgabe 5 — 5 Punkte

A nein – B ja – C nein – D nein – E steht nicht im Text

Aufgabe 6 — 3 Punkte

A Universität (Z. 1): Hochschule – B populär (Z. 26): beliebt – C Skandal (Z. 41): Ärgernis

3. Teil (Kompetenzbereich III): Aufgaben zur Rechtschreibung und Zeichensetzung — 23 Punkte

Aufgabe 7 — 6 Punkte

a Der Spieler begeht ein schlimmes Foul. Der Schiedsrichter zeigt ihm die rote Karte.
b Flanken sind in den Strafräumen besonders gefährlich.

Aufgabe 8 — 2 Punkte

Fußball wird von zwei Mannschaften mit je elf Spielern auf einem rechteckigen Spielfeld gespielt.

Seite 94

Aufgabe 9 — 5 Punkte

Maß – schoss – rissen – ließ – Fest

Aufgabe 10 — 8 Punkte

Im zweiten Jahrtausend v. Chr. wurde in China ein fußballähnliches Spiel ausgetragen. Über die damaligen Regeln des Spiels ist nichts bekannt. Als sicher gilt, dass es als militärisches Ausbildungsprogramm zum Training der Soldaten durchgeführt wurde. Der Ball, den man bei diesem Spiel verwendete, war aus Lederstücken zusammengenäht und mit Federn und Tierhaaren ausgestopft. Wie würde sich wohl Schweinsteiger mit diesem Spielgerät anstellen?

Aufgabe 11 — 2 Punkte

A Es wurde ein Komma gesetzt, da es sich um eine Aufzählung handelt.
B Es wurde ein Komma gesetzt, da es sich um ein Satzgefüge handelt. Der Nebensatz ist ein Relativsatz, der durch das Relativpronomen „die" eingeleitet wird.

4. Teil (Kompetenzbereich IV): Aufgaben zur Grammatik — 13 Punkte

Aufgabe 12 — 2 Punkte

a -[e]s steht in dem Wörterbuchauszug für die Genitivendung, für die es zwei Möglichkeiten gibt: des Tors und des Tores.

b -e steht in dem Wörterbuchauszug für die Pluralendung: die Tore.

Seite 95

Aufgabe 13 — 3 Punkte

a Satzglieder: Jedes Jahr | fiebern | Millionen begeisterte Fußballfans | der neuen Bundesligasaison | entgegen.

b Erstes Satzglied: Temporaladverbiale – Drittes Satzglied: Subjekt

Aufgabe 14 — 4 Punkte

Schon im Frühmittelalter wurde in England eine Art (Nominativ) des heutigen Fußballspiels gespielt. Nach der Entdeckung Amerikas lernten die Europäer die Ballspiele (Akkusativ) Mittelamerikas kennen. Dort schossen die Spieler den Ball (Akkusativ) nicht mit dem Fuß, sondern mit der Hüfte oder einer Schulter durch die Öffnung eines Rings (Genitiv). Schon immer machten Ballspiele den Menschen (Dativ) in den unterschiedlichsten Gegenden der Welt Freude.

Aufgabe 15 — 4 Punkte

Der Schiedsrichter entscheidet auf Foul, wenn ein Spieler zuvor gegen die Regeln verstoßen hat. Bereits in den ältesten Fußballregeln straften die Schiedsrichter mit einem Elfmeter, nachdem ein Spieler seine Hand absichtlich benutzt hatte.

Insgesamt zu erreichende Punktzahl: 61 Punkte